叛逆

マルチチュードの民主主義宣言

Antonio Negri　*Michael Hardt*
アントニオ・ネグリ　マイケル・ハート【著】

水嶋一憲　清水知子【訳】

1203
NHK BOOKS

NHK出版【刊】

Printed in Japan

［協力］三枝みのり

［DTP］㈱ノムラ

◉

目次

第三章　〈共〉を構成する

●本文中の訳註は、短いものは〔　〕で、長いものには*、**を付して近傍のページの左側に表示した。
●日本語版刊行にあたり、適宜改行と小見出しを追加した。
●引用にあたっては、既訳の文を改めたものがある。

序　闘争の始まり《オープニング》——バトンを引き継げ！

これはマニフェストではない。マニフェストは来るべき世界を垣間見させ、いまだ亡霊のような存在にすぎないものを変革の担い手として主体化してみせる。マニフェストの働きは、その幻視力《ヴィジョン》によって自分に従う民衆を創り出そうとした古代の預言者のようなものだ。今日の社会運動はその順番を逆転させ、マニフェストも預言者も時代遅れのものにした。変革の担い手たちはすでにストリートに降り立ち、街の広場を占拠している。支配者を脅かし権力の座から引きずりおろすだけでなく、新たな世界のヴィジョンを呼び起こしている。

さらに重要なのは、マルチチュード*が自己の論理と実践、スローガンと欲望を介して、一群の新たな原理と真理をすでに宣言したことだろう。マルチチュードの宣言は、持続可能な新し

＊　さまざまの特異な差異からなる多数多様性を示すとともに、そのようにつねに多数多様でありながらも共同で活動することのできる、絶対的民主主義の構成主体のこと。アントニオ・ネグリ、マイケル・ハート／幾島幸子訳、水嶋一憲・市田良彦監修『マルチチュード――〈帝国〉時代の戦争と民主主義（上・下）』（NHKブックス、二〇〇五年）を参照。

い社会を構成する基盤となりうるのだろうか？　なりうるとしたら、それはどのようにして？　その原理と真理はいかにして私たちを導きつつ、私たち相互の関係、また私たちと世界との関係を再創出できるのだろうか？　マルチチュードはその叛逆のただなかにおいて、宣言から構成*へといたる経路を見出さなければならない。

二〇一一年に何が起きたのか

二〇一一年初頭、徹底した不平等を特徴とする、社会的・経済的危機が深まるなか、「これ以上の災厄《さいやく》が身に降りかからないようにするためには、支配権力者たちが決めたことを信じ、その導きに従うべきだ」という常識が幅を利かせているようにみえた。むろん実際には、金融と統治の支配者らは圧政者にほかならなかった。彼らにこそ危機を生みだした主たる責任があったのだろうが、私たちには何の選択肢もなかったのである。

だが、二〇一一年に生じた一連の社会的闘争は、この常識を粉砕し、新たな常識《コモン・センス》**＝〈共〉的感覚を構築し始めた。なかでも、「ウォール・ストリートを占拠せよ（オキュパイ・ウォール・ストリート。略称ＯＷＳ）」の運動はもっとも目立つものだったが、しかしそれは新たな闘争サイクルのひとつのきっかけにすぎなかったのである。新たな闘争サイクルは、その一年を通じて政治的論争の土俵を転換させるとともに、政治的活動の新たな可能性を切り拓《ひら》いたのだ。

二〇一一年は、二〇一〇年の暮れには始まっていた。二〇一〇年一二月一七日、チュニジア中部の都市スィディ・ブーズィードで、コンピューター科学の学位を持っていたと一部で報道された二六歳の露天商ムハンマド・ブーアズィーズィーが焼身自殺を遂げた。その月の末までに「ベン＝アリー、出て行け《デガージュ》！」と訴える大衆叛乱が首都チュニスに広がり、そしてじっさい、一月半ばにはザイン・アル＝アービディーン・ベン＝アリーは亡命してしまった。

ついでエジプトがこのバトンを引き継いだ。二〇一一年一月末には何万、何十万もの人びとが定期的に街頭に出て、ホスニ・ムバラクも出て行けと訴えた。カイロのタハリール広場がわずか一八日間占拠されただけで、ムバラク政権はあっけなく崩壊した。

抑圧的な体制に対する抗議は、あっという間に北アフリカや中東の他の国々にも広がった。この抗議はバーレーン、イエメン、そして最後にはリビアとシリアへも広がったが、チュニジアとエジプトで起きた最初の火花はさらに遠く離れた地域へも飛び火した。二〇一一年二月と三月に米国ウィスコンシン州議会議事堂を占拠した抗議者たちは、カイロの仲間たちとの連帯

＊　小さな領域内での短期間の叛逆や叛乱に終わるのではなく、社会全体を変革するための別の選択肢（オルタナティヴ）と持続的な制度を構成すること。
＊＊　旧来の支配的な常識に抗して、マルチチュードが新たに共同で創出し、共有する、共通感覚を指す。

の意を、そして彼らへの共感の念を表明したのである。

しかし決定的なステップは、五月一五日にスペインのマドリードとバルセロナの中央広場がいわゆる「憤激する者たち《インディグナドス》」によって占拠されたときに始まった。スペインの泊まり込み抗議運動はチュニジアとエジプトの叛乱に着想を得て、新しいかたちで自分たちの闘争を前進させた。彼らは、ホセ・ルイス・ロドリゲス・サパテロが率いる社会労働党政権に対して「真の民主主義を今こそ！(デモクラシア・レアル・ヤ)」と訴え、あらゆる政党の代表を拒絶した。そして広範にわたるさまざまな社会問題へと抗議の矛先《ほこさき》を向けたのである。それは、銀行の腐敗から失業へ、不完全な社会的サービスから不十分な住宅供給と不当な立ち退きにまで及んだ。

何百万人ものスペイン人がこの運動に参加し、住民の大多数から支持を得た。占拠された広場では「憤激する者たち」が意思決定のためのさまざまな集会《アッセンブリー》を開き、一連の社会問題を探求する調査委員会を形成した。

六月にマドリードのプエルタ・デル・ソル（太陽の門）広場の泊まり込み抗議運動が撤収される前に、すでにギリシャ人たちがスペインの「憤激する者たち」のバトンを引き継ぎ、緊縮措置に抗議すべくアテネのシンタグマ広場を占拠していた。それからまもなくしてテルアビブのロスチャイルド大通りにテントが張られ、人びとはイスラエル人のための社会的正義と福祉を訴えた。八月の初めには警官による黒人英国人の銃撃を機にトッテナムで暴動が起き、暴動はイングランド全域に広がった。

二〇一一年九月一七日、数百人の人びとが先駆けてニューヨークのズコッティパークにテントを持ち込み占拠を始めると、今度は彼らがバトンを受け継いだ。じっさい彼らの行動と全米および世界中に拡散した運動は、二〇一一年以前に各地で生じたさまざまな運動の経験とともに理解されなければならないのである。

暗黙の共闘

闘争に参加していない多くの人びとにとって、この出来事リストに関連性を見出すのは困難かもしれない。北アフリカのさまざまな叛乱はいずれも抑圧的な体制への抗議であり、彼らの要求はひとえに独裁者を追放することだった。対してヨーロッパや合衆国、イスラエルにおける泊まり込み抗議運動は、広範にわたる社会的な要求を掲げ、代表制と立憲制のシステムが抱える諸問題に取り組んだ。さらにイスラエルのテント抗議(これを占拠と呼んではならない!)では、イスラエル人の入植問題とパレスチナ人の諸権利については沈黙を保つべく、さまざまな要求のあいだで慎重にバランスがとられていた。ギリシャ人は国家債務と歴史上かつてないほど深刻な緊縮措置に直面していた。そして英国の暴徒らの憤りは、長きにわたる人種的ヒエラルキーの歴史に向けられていた——彼らはテントを張ることさえせず、ストリートに群がったのである。

これらの闘争はどれも特異で、それぞれの場所特有の条件に適応したものである。だがまず留意すべきなのは、これらの闘争が現実に相互に支持しあっていたということだ。いうまでもなく、エジプト人がチュニジア人の歩んだ道をたどったのは明白で、彼らはチュニジア人と同じスローガンを掲げた。プエルタ・デル・ソル広場の占拠者らも、自分たちの闘争はタハリール広場の経験を受け継いでいると考えた。同様にアテネとテルアビブの人びとの目はマドリードとカイロの経験に向けられた。ウォール・ストリートの占拠者《オキュパイアーズ》たちは、これらすべての経験を視野にいれ、たとえば独裁者に対する闘いを金融による専制政治に対する闘いへと読み替えた。

彼らはたんにそれぞれの状況や要求の違いについて勘違いしているか、忘れているのではないか、あるいはその違いを無視しているのではないかと思われるかもしれない。だが私たちはこう信じている。彼らには闘争の外部にいる人びとよりもはっきりとしたヴィジョンがあり、そして彼らはおのおのが置かれた特異な状況やローカルな闘いと〈共《コモン》〉をめぐるグローバルな闘争とを矛盾なく繋ぎ合わせることができる、と。

ラルフ・エリスンの『見えない人間』の主人公である黒人青年は、人種差別的な社会の耐えがたい体験を経て、闘争のさなかにある他者とコミュニケーションを交わす能力を身につけた。

エリスンの語り手は最後をこう締めくくっている。「僕は、君たちに代わって低周波で〔＝声を落として〕語っているのに、そのことに誰も気づいてくれない」[1]。今日においても、闘争に参加する人びとは低い周波数で〔＝一般には聞き取りにくい声で〕コミュニケーションをとりあっているが、エリスンの時代とは違い、誰も彼らの声を代弁してはいない。周波数の低い語りは開かれた放送波に乗せられて、すべての人びとのもとに届けられる。しかし、メッセージのなかには闘争に参加している人びとにしか聞き取れないものもある。

リーダー不在の水平的組織

いうまでもなく、これらの運動にはいくつかの共通した特徴がある。なかでももっとも顕著なのは、泊まり込みや占拠という戦略である。一〇年前のオルター・グローバリゼーションはノマド的な運動だった。あるサミットから別のサミットへと渡り歩くそれらの運動によって、ＷＴＯ（世界貿易機関）、ＩＭＦ（国際通貨基金）、世界銀行、Ｇ８に集う各国首相など、グローバルな権力システムの鍵をにぎる一連の諸制度の、不正義と反民主主義的な本質が浮き彫りにされたのである。これとは対照的に、二〇一一年に始まった闘争サイクルは定住的である。これらの運動は、サミットのスケジュールに合わせて渡り歩くのではなく、その場にとどまり、実際には、移動を拒絶している。なぜ動かないのか。その理由は、ひとつには、これらの運動がローカルでナショナルな社会的諸問題に深く根ざしている点にある。

二〇一一年に始まったさまざまな運動は、マルチチュードとしての内部組織を共有してもいる。外国の報道陣はチュニジアやエジプトの運動の指導者《リーダー》を必死に探し出そうとした。たとえばタハリール広場の占拠がもっとも加熱していたころ、報道陣は連日それぞれ異なる人物が「真の」リーダーだと推定した。ノーベル平和賞受賞者であるムハンマド・エル゠バラーダイーがリーダーだと言う日もあれば、明くる日にはグーグル幹部のワエル・ゴニムがリーダーだと報道した。メディアが理解できず、あるいは受け容れがたかったのは、タハリール広場にリーダーはいないということだった。

運動が特定のリーダーをもつのを拒絶していることは二〇一一年の闘争サイクルを通じて認識できるわけだが、それはウォール・ストリートの占拠においてもっとも明白に示されていたと言えよう。一連の知識人や著名人がズコッティパークに現れたが、彼らの誰かをリーダーとみなす者はいなかった。つまり、彼らはマルチチュードに迎えられたゲストだったのだ。カイロやマドリードからアテネ、そしてニューヨークにかけて、運動はリーダーを立てる代わりに、組織化のための水平的なメカニズムを発展させていったのである。それらの運動は、指令部を立ち上げたり、中央委員会を作ったりすることなく、昆虫の群がりのように拡大していった。そしてもっとも重要なのは、すべての参加者がともにコミュニケーションをリードできるように、それらの運動が意思決定の民主的な慣行を創り上げたことだ。

闘いは〈共〉を求める

運動が明示する三つ目の特徴は、それぞれ異なる仕方ではあるが、それらの運動がすべて、〈共《コモン》〉のための闘いとみなしうるものであるということだ。ときにこの闘いは炎につつまれて表明された。ムハンマド・ブーアズィーズィーが自らの身体に火をつけたとき、彼の抗議は地元の警察から被《こうむ》った虐待に抗するばかりか、チュニジアの労働者たちに広く共有されていた社会的・経済的苦境に抗するものでもあると理解された。労働者の多くは自らが受けた教育に見合った仕事に就くことができないのである。

じっさい、チュニジアにおいてもエジプトにおいても、独裁者を打倒せよ、という声高な叫びのために、多くの観衆は、運動で問題となっていた深刻な社会的・経済的諸問題に耳を傾けず、労働組合が果たした決定的な行動に耳を貸すこともなかった。ロンドンで起きた八月の暴動も昨今の経済的・社会的秩序に対する抗議を表明していた。二〇〇五年のパリ郊外の暴動やその一〇年以上前のロサンゼルス暴動*の参加者たちのように、英国人の憤りは一連の複雑な社

---

* 黒人青年ロドニー・キング殴打事件での、白人警察官に対する無罪判決を機に、一九九二年四月二九日にロサンゼルスのサウスセントラル地区で勃発した暴動。

会問題への応答だった。なかでももっとも中心的なのは人種的な〔＝人種差別にもとづく〕従属関係だった。

とはいえ、これら個別の事例にみる放火や略奪も、商品の権力と私有財産の支配に対する応答であり、言うまでもなく、こうした権力や支配そのものがしばしば人種的な従属関係を介して生じている。したがって、これらの闘争は、新自由主義の不正に、また究極的には私有財産〔＝私的所有〕の支配に抗議しているという意味で、〈共〉を求める闘いなのである。けれども、だからといってこれらの闘争が社会主義的であるということにはならない。じっさい、二〇一一年に始まる闘争のサイクルのなかに伝統的な社会主義運動はほとんどみられない。〈共〉を求めるさまざまな闘争は、私有財産の支配に対する異議申し立てであると同時に、公有財産の支配や国家による管理に抗する闘いでもある。

疲弊した四つの主体とその反転

本書で私たちがめざしているのは、二〇一一年に勃発した闘争のサイクルがはらむ欲望とその成果について検討することだ。けれども私たちはそれらを直接的に分析することはしない。代わりに私たちは、それらの運動が立ち上がった一般的な社会的・政治的諸条件を吟味することから始める。

ここでの議論のポイントは、現在の社会的・政治的危機の文脈のなかで、どのような主体性が生産されているのかということだ。その支配的な形態として、本書では主に四つの主体形象――借金を負わされた者、メディアに繋ぎとめられた者、セキュリティに縛りつけられた者、そして代表された者――を取り上げる。これらの主体形象はどれも貧弱なものにされてしまっており、これらがもつ社会的な行動力は隠蔽され、ごまかされてしまっている。

叛乱と叛逆の運動は、先にあげた四つの主体形象を苦しめている抑圧体制を拒絶するための手段となっている。しかしそれだけでなく、私たちはこれらの運動がまた、四つの主体形象を〈構成的〉権力の形象へと反転させるための手段ともなっていると考えている。別の言い方をすれば、それらの運動は、社会とコミュニケーションの領域上のみならず、経済の領域上でも、自立と安全確保《セキュリティ》の新たな形態をいくつも発見することができるのである。そして、この新たな形態はそれぞれ互いに協力しながら、政治的代表制のシステムを振り捨てる潜勢力を創り出し、自らが有する民主的な行動力にものを言わせる。この新たな、いくつもの形態こそ、運動によってすでに現実化された成果の一部であり、この成果を今後またさらに発展させていくことも可能なのである。

新たな独立宣言

けれども、こうした主体性の〔構成的〕権力を強化し、向上させるには、別のステップが必要である。これらの運動は、事実上すでに構成的プロセスの基盤となりうる一連の構成的原理*をあたえてくれた。たとえばこれらの運動サイクルのいくつかの要素のうち、もっともラディカルで遠大なもののひとつは代表制の拒絶であり、それに代わる民主的参加の基本構想《スキーム》を構築することだった。そしてこれらの運動によって、自由、〈共〉《コモン》に対する私たちの関係、そして一連の中心的な政治の編成配置《アレンジメント》に新しい意味が与えられたのである。それは、現在の共和政体〔＝共和政憲法〕の限界をはるかに超えるものだ。これらの新しい意味は、いまやすでに新たな常識＝〈共〉的感覚《コモン・センス》の一部になりつつある。一八世紀のいくつかの革命のなかで布告された諸々の権利と同じく、これらはすでに私たちが不可譲の諸権利であると考える、基礎的〔＝創設的〕な原理なのである。

問題は、固定された秩序のなかで新たな社会的関係を体系化することではない。重要なのは、これらの関係を組織し、存続させるとともに、未来への革新を促進しつつ、マルチチュードの欲望に対してつねに開かれた状態にある、構成的プロセスを創出することである。二〇一一年に始まった数々の運動は、新たな独立を宣言している。構成的権力**〔＝憲法制定権力〕は、これを未来に向かって前進させなければならないのだ。

＊　上から押しつけられた強制的な原理ではなく、マルチチュードの「構成的権力」によって下から水平的に築かれる民主的な原理を指す。「構成的権力」については次の訳註を参照。

＊＊　原語は constituent power であり、一般的には「憲法制定権力」と訳される。しかしネグリとハートは、この概念をよりダイナミックな「構成的権力」として読み替えることにより、革命の憲法制定＝構成的権力（ひとことで言えば「構成する権力」）が、形式的な手続きのなかで「構成された権力」として固定化され、規範化されてしまう事態を批判しつつ、マルチチュードによるたえざる社会変革の力としてそれを再提示しようと試みているのである。より詳細な分析は、アントニオ・ネグリ／杉村昌昭・斉藤悦則訳『構成的権力』（松籟社、一九九九年）などを参照のこと。

第一章

危機が生みだした主体形象

新自由主義の勝利とその危機は人びとの経済的・政治的生活の条件を一変させたが、それはまた社会的・人間学的（＝人類学的）変容を引き起こし、新たな主体形象を作り上げた。金融と銀行のヘゲモニーは「借金を負わされた者」を生みだした。情報とコミュニケーションのネットワークに対する管理は「メディアに繋ぎとめられた者」を創り出した。セキュリティ体制と例外状態の全般化*は、恐れにとりつかれ、保護を切望する形象としての、「セキュリティに縛りつけられた者」を構築した。そして民主主義の腐敗は「代表された者」という奇妙に非政治化された形象を作り出した。

　抵抗と叛逆の運動は、これら四つの主体形象が構成する社会的な領域をもとにして、またはその社会的領域に抗して行動しなければならない。これから論じるように、二〇一一年に始まったさまざまな運動は、いまあげた四つの主体性を拒絶するばかりか、それらを反転させ、自らの自立と政治的行動力を表現できる主体形象を創出する能力を有している。だが、まずは新自由主義の危機が生みだした主体形象の特性を検討すべきだろう。

借金を負わされた者

今日、借金を負うことは、社会生活をおくるうえで一般的な条件になりつつある。(2) 学生ローン、住宅ローン、自動車ローン、医療ローンなど、借金を背負いこむことなしに暮らすのはほとんど不可能である。社会のセイフティネットは「福祉《ウェルフェア》」(=安寧に暮らしていくための)システムから「負債《デットフェア》」(=借金を背負って暮らしていくための)システムへと移行した。借金《ロー》=貸し付け《ーン》が社会的ニーズを満たす主要手段となったからだ。人びとの主体性は負債を基盤にして編成されている。人びとは借金を作ることで日々の生活を生き延び、負債に対する責任の重圧を受けながら暮らしている。

負債は人びとを管理する。つまり負債は、消費に規律を課し、人びとに耐乏生活を押しつけ、また生き延びるための戦略について考えるだけで精一杯の状態に、しばしば人びとを追い込む。それどころか、借金は仕事のリズムや選択を決定づけてしまうことさえある。奨学金を借りて大学を卒業すれば、返済するためにとにかく有給の仕事に就かざるをえなくなる。住宅ローンを組んでマンションを購入すれば、失業しないように努め、仕事を離れて長期休暇や、学習休暇をとることはできない。

負債の効果は、労働倫理のそれと同様に、休まず精を出して人びとを働かせることにある。

＊ 法の支配の一時的停止、とりわけ戦争という例外状態が日常的・永続的なものとして全般化する事態を指す。『マルチチュード(上)』1-1を参照。

労働倫理が主体の内部から生まれるのに対し、負債は外的な制約として現れるが、すぐに主体の内部に入り込み、巣喰っていく。負債は道徳的な力を振りかざすが、その主要な武器となっているのが責任感と罪悪感で、それらが即座に強迫観念となってのしかかるのだ。自分の背負った負債に責任を感じ、負債が生みだした生活の困難に罪の意識を感じる。借金を負わされた者は罪悪感に満ちた日々を送る「不幸な意識」*なのだ。活動や創造の歓《よろこ》びはしだいに悪夢に変わり、自分の生を楽しむ術《すべ》がなくなる。生は敵に売り渡されてしまったのだから。

主体が破壊される

ここでG・W・F・ヘーゲルの主人と奴隷の弁証法がふたたびその姿を現すことになる――それも非弁証法的なかたちで。なぜなら、負債はそれに叛逆すれば豊かになれる否定でもなければ、一連の活動を育成する隷従でもなく、解放に向かう衝動でもなければ、自由な活動へ連なる企《くわだ》てでもないからだ。負債はただ生の貧困化や疲弊化を深め、主体性のもつ潜勢力を殺《そ》ぐことしかできない。負債者を貶《おとし》め、罪の意識と惨めさのなかで人びとを孤立させるだけなのである。

したがって、負債は弁証法をとりまくあらゆる幻想に終止符を打つ。たとえば、不幸な意識の隷従労働が自由を獲得できるようになる、もしくはそうした隷従労働が自らの力を肯定し、それまで否定されてきた諸力を手に入れられるといった幻想がそうであるし、より正確に言えば、労働の表現はジンテーゼ〔ある命題とそれに対する反対命題を統合する命題〕のなかで解決することが可能だという幻想や、規定的否定が解放をもたらすという幻想がそうである。負債を負わされた者とは、債務を完済してその地位を〔弁証法的に〕回復することのできないまま、たんに破壊されてしまうだけの形象なのである。

負債にもとづく搾取

かつて大量の賃金労働者がいた。いまでは不安定労働者の大群がいる。前者は資本に搾取されたが、その搾取は商品所有者のあいだでは自由で平等な交換という神話によって覆い隠されていた。後者は相変わらず搾取されつづけているが、彼らと資本の関係をめぐる支配的なイメージは、もはや平等な交換関係としてではなく、むしろ債権者に対する債務者という階層関係として設定されている。資本主義的生産に関する重商主義的神話に従えば、資本の所有者は

* ヘーゲル『精神現象学』において「主人と奴隷」というかたちで分裂した二つの意識形態が、ひとつの自己意識のなかで内面化された結果、苦悩を引き起こすこと。

** ヘーゲルの弁証法において規定的否定とは、認識が自己否定をとおして無限の認識へといたる道が開かれるところに成立するものであるとされる。

市場で労働力の所有者に出会い、公正で自由な交換を行う。私はあなたに労働を付与し、あなたは私に賃金を付与するというわけだ。カール・マルクスはこれを皮肉まじりに「自由、平等、所有、そしてベンサム」(3)のエデンの園だと記している。ここで想定されている自由と平等が、じっさいにはいかに偽りのごまかしであるかということについては、いまさら説明するまでもないだろう。

だが、資本と労働との関係は大きく変化した。資本主義的生産の重心はもはや工場のなかにあるのではなく、工場の壁の外に流れ出た。社会がひとつの工場になったのだ。というよりもむしろ、資本主義的生産が社会全体の労働力を資本主義の管理下におくほどに拡大したのである。資本はますます私たちの生産能力、私たちの身体、精神、コミュニケーション能力、知性、創造力、相互の情動関係等々を全面的に搾取するようになっている。つまり、私たちの生そのものが働かされるようになっているのだ。

こうした転換にともない、資本家と労働者のあいだの主要な関わり方も変化している。もはや資本家が工場を監督し、労働者を指示し、規律化して利潤を生みだすという光景は、典型的な搾取の光景ではなくなっている。今日の資本家はこうした光景から遠く離れたところに位置しており、労働者はより自律的に富を生産している。資本家は利潤ではなく主にレント*を通じて富を蓄積する。ここでいうレントは、多くの場合、金融のかたちをとり、金融機関を介して保証される。

そして、負債が生産と搾取の関係を維持しコントロールするための武器として登場するのは、まさしくここにおいてである。今日の搾取は、主として（等価交換であれ不等価交換であれ）交換ではなく、負債にもとづいている。言いかえるなら、今日の搾取は、九九％の人びとが一％の富裕層に――仕事・カネ・服従を負うというかたちで――従属しているという事実にもとづいているのだ。

負債は労働者の生産力を曖昧にするが、その従属関係を明確に浮き彫りにする。搾取された

＊　もともとは地代や不労所得を意味する語である。しかし、ネグリとハートはこれを、生政治的生産にもとづく新たな資本主義のなかで働く、〈共《コモン》〉の捕獲装置として捉えなおそうと試みている。

一般的な経済理論では、レントは利潤とは区別されるカテゴリーとして扱われる。すなわち、利潤が生産と雇用の成長をもたらす「良き」生産的資本主義と結びついたものであるのに対し、レントは――地主や金融資本主義が労せずして手にする――非生産的で寄生的な収入にすぎない、といった仕方で。ところが、生政治的生産にもとづく新たな資本主義（ポスト工業資本主義と呼ばれることも多い）においては、利潤とレントの区別が曖昧になるばかりか、「利潤がレントになる」傾向がある。というのも、この新たな資本主義においては、工場の壁を越えて社会全体へと広がった協働のネットワークをとおして生産される〈共〉が富や価値の源泉となっているからであり、また資本はそれをレントという――生産のネットワークに直接介入せずに、間接的にコントロールするという機能を帯びた――装置を通じて捕獲しようとするからである。なお、「生政治的生産」については、三五頁の訳註を参照。

労働は賃労働体制というまやかしの関係のなかに投じられるものの、その生産力は労働時間というルールに応じて明瞭に測定される。これに代わって今日では、労働時間と生活時間の区分はますます不鮮明になり、労働者の生産力はこれまでになく隠蔽されている。借金を負わされた者は、生き延びるために自分の生活時間をまるごと売らなければならない。こうして負債に服従した者たちは、自分自身にとってさえ、主として生産者ではなく消費者として姿を現すことになる。

なるほど、もちろん借金を負わされた者は生産している。しかし、彼らが働くのは負債を支払うためなのだ。消費するのだから、負債を返す責任があるというわけである。したがって、平等な交換という神話とは対照的に、債務者―債権者の関係には、資本主義社会の基礎にある途方もない不平等を暴露するという効力《ヴァーチュー》がある。

金融をとおした支配

改めて確認しておきたいのだが、私たちがみてきた搾取から負債への変容は、資本主義的生産の変容に対応している。つまり、利潤（すなわち、工業を基軸とした搾取の平均値の蓄積）のヘゲモニーにもとづく秩序から、レントによって（すなわち、社会的発展を基軸とした搾取の平均値によって）支配された秩序へと変容しているのである。その秩序はまた、ますます抽象的なかたちで社会的に生産されるようになった価値の蓄積によって支配されている。こうした変容のなかで、生産は、労働の個別的な形象ではなく、労働の社会化された形象、すなわち資本家の規律や管理に先立って直接的に協働する労働者にますます依存するようになっているのだ。

レントを手に入れる者は、富の生産の現場から離れたところに位置しており、そのため搾取の残酷な現実や生産的労働の暴力、そしてレントを生みだすさいに自らが引き起こす苦痛を感知できなくなっている。ウォール・ストリートからは価値生産を行う労働者一人ひとりの苦痛は見えない。なぜなら、その価値は、厖大《ぼうだい》な数のマルチチュード（そこには、賃金収入のある労働者も、無い労働者も含まれる）の搾取にもとづいているからである。こうした搾取の現実のいっさいは、金融による人びとの生のコントロールをとおして目立たなくされ、消し去られてしまう傾向にある。

貧者の新たな形象が出現しつつあり、そこには失業者や、非正規のパートタイム労働に従事する不安定労働者ばかりか、安定した賃金労働者や、いわゆる中流階級《ミドルクラス》のうちの貧困化した階層も含まれる。彼ら彼女らの貧困を特徴づけているのは、主として負債の鎖である。借金を負わされることは今日ますます一般化しており、それは、過去を彷彿《ほうふつ》とさせる隷属関係の回帰を示唆している。とはいえ、それは大きな変化をともなってもいるのだが。

マルクスは、工業化時代に登場したプロレタリアートの改善された状態を、鳥のように自由だ《フォーゲルフライ》*と皮肉まじりに特徴づけた。つまり、彼らは二重の意味で所有財産から自由である、と。プロレタリアートは主人の所有財産ではない。したがって、彼らは中世的な隷属的結合からは自由である（これはよい側面である）。けれども彼らは何も所有していない。ゆえにこの意味で、彼らは所有財産からも自由なのだ。今日の新しい貧者は二つ目の意味においては相変わらず自由であるが、彼らは負債を介してふたたび主人の所有財産と化しており、いまやその主人は金融をとおして支配しているのである。奴隷と年季奉公の召使いは新たに生まれ変わっている。

かつて、アメリカ大陸やオーストラリアの移民と先住民は、自身を借金から買い戻すために苛酷な労働に取り組まねばならなかった。しかし多くの場合、彼らの借金は膨らむばかりで、終身の隷属状態へと追いやられた。借金を負わされた者たちは、自らが陥っている悲惨な借金地獄からはい上がることはできず、目に見えない鎖に縛りつけられている。自由の身になるためには、この鎖を認識し、つかみ取り、断ち切らなければならないのだ。

メディアに繋ぎとめられた者

コミュニケーションの量と質

かつて、メディアとの関係において政治的行動が抑えつけられていたのは、情報に十分にアクセスできない、あるいは自らの視点を伝達し、表現する手段がないというのが主たる原因のように思えた。たしかに今日でも、抑圧的な政府はウェブサイトへのアクセスを制限し、ブログやフェイスブックのページを閉鎖し、ジャーナリストを攻撃し、情報への一般的なアクセスをブロックしようと企てている。これらの抑圧に対抗することはもちろん重要な闘いである。私たちが繰り返し目撃してきたように、メディアのネットワークとメディアへのアクセスは、最終的かつ必然的に、あらゆる障害を乗り越えてあふれ出し、情報を閉ざして人びとを沈黙に追い込もうとする企てを阻止している。

けれども私たちがより関心をもっているのは、今日のメディアに繋ぎとめられた主体がこれとは正反対の問題に苦しんでいるということだ。これらの主体は、情報、コミュニケーション、表現の過剰によって抑え込まれている。ジル・ドゥルーズはこう説明する。「そこで問題になってくるのは、もはや人びとに考えを述べてもらうことではなく」「孤独と沈黙の気泡をととのえてやり、そこではじめて言うべきことが見つかるように手助けしてやることなのです。押さえつけようとする力は、人びとが考えを述べることを妨げるのではなく、逆に考えを述べ

＊ 束縛から解放された自由な者という意味とともに、法律の外におかれた者という意味を示す。

ることを強要する。いま求められているのは、言うべきことが何もないという喜び、そして何も言わずにすませる権利です。これこそ、少しは言うに値する、もともと稀な、あるいは稀になったものが形成されるための条件なのですから[4]」。

だが、〔ドゥルーズが指摘している〕コミュニケーションが過剰であるという問題は、実際にはコミュニケーションが欠けているという問題と相同のものではないし、伝達が多いとか少ないといった量に関わる事柄ですらない。ドゥルーズはここでエティエンヌ・ド・ラ・ボエシーとバルフ・スピノザが強調した政治的な逆説を想起しているように思われる[5]。すなわち、ときに人びとはあたかもそれが救いであるかのように、自身の隷属を求めて闘うという逆説のことである。自発的なコミュニケーションや表現において、またブログを書くことやウェブを閲覧すること、そしてソーシャル・メディアの実践において、人びとがさまざまな抑圧的な力に異議を唱えるのではなく、それらに貢献するということはありうるのだろうか？

ドゥルーズは言う。多くの場合、私たちに必要なのは、情報やコミュニケーションではなく、思考に必要な沈黙である、と。これは実際にはそれほど逆説的なことではない。ドゥルーズにとって、目的は現実に沈黙することではなく、言うに値する何かをもつことなのだ。換言すれば、政治的行動と解放の問題においてもっとも重要なのは、情報、コミュニケーション、表現の量ではなく、むしろそれらの質なのである。

メディアに注意を奪われる

いくつかの抑圧的な装置（そしてまた解放のプロジェクト）のなかで情報とコミュニケーションの重要性が高まっているのは、労働の実践と経済的な生産がますますメディアを介したものになっているからである。メディアやコミュニケーション技術は、あらゆるタイプの生産的実践にとって中心的なものになりつつあり、また今日の生政治的生産＊に不可欠な数々の協働の鍵をにぎっている。さらに、とりわけ支配的諸国の多くの労働者にとって、コミュニケーションとソーシャル・メディアは、彼らを仕事から解放すると同時に、仕事に縛りつけているように思われる。スマートフォンやワイヤレス接続があればどこにでも行くことができるが、

＊〈帝国〉三部作を貫く中心概念のひとつ。ネグリとハートは、かつてフーコーによって提示された「生権力」の概念が社会の上からのみ考えられたものであると批判し、下から組織される生権力の概念、すなわち、マルチチュード自身が生を支配するような権力を定式化するために、「生政治」という概念を独自の仕方で編み出した。またこのように、生政治が生の諸形態全般をめぐるマルチチュードの闘争を意味する以上、そこでは従来のような政治・経済・文化といったカテゴリーのあいだの分割は成り立たなくなる。

こうした観点からネグリとハートは、あらゆる社会的生の政治的・経済的・文化的な全側面に関わり、またそれらを生みだすような生産モデルのことを「生政治的生産」と呼んでいる。生政治的生産においては、情報・知識・言語・アイディア・イメージ・コード・情動・生の諸関係など、社会的生産の基盤および産物として分かち合われる〈共《コモン》〉が生みだされる。

どこに行っても変わらず仕事をしつづけることになる。すぐさま気づくように、それが意味するのは、どこへ行こうがつねに仕事中であるということなのだ！　メディア化は労働と生活の区分をますます曖昧なものにする主要因なのである。

したがって、このような労働者は、疎外されているというより、メディアに繋ぎとめられていると考えたほうがより適切だろう。疎外された労働者の意識が分離、あるいは分断されているのに対し、メディアに繋ぎとめられた労働者の意識はウェブのなかに組み込まれ、もしくはウェブのなかに吸収されている。メディアに繋ぎとめられた者の意識は、実際には引き裂かれているのではなく、断片化され分散させられているのだ。

さらにメディアは実際に人びとを受動的にさせているわけではない。むしろたえず人びとに参加を促し、好きなものを選択し、自分の意見を述べ、自分の人生を語るように呼びかける。メディアはつねにあなたの好き嫌いに応答し、それとひきかえにあなたもつねにメディアに注意を払う。したがって、メディアに繋ぎとめられた者とは、逆説的なことではあるが、能動的でも受動的でもなく、むしろたえ間なくメディアに注意を奪われた主体性にほかならないのである。

生きた情報と死んだ情報

では、いかにして私たちはメディアの抑圧的な諸力から、解放のための潜勢力を切り離すことができるのか？　異なったタイプの情報とコミュニケーションを質的に区別することは可能なのだろうか？　生産の初期段階で工場における情報とコミュニケーションが果たした役割を振り返ることで、若干のヒントが得られるだろう。

一九六〇年代初頭、ロマーノ・アルクァティはイタリアのイヴレーアにあるオリヴェッティの工場労働者らが生みだす情報の種類について研究した。そこで彼が気づいたのは、労働者らが「価値創造的な情報」を生みだすのに対し、経営側の官僚制は労働者を管理するための情報を生みだしているということだった。マッテオ・パスキネッリは、マルクスの生きた労働と死んだ労働という概念に即して、アルクァティが見出したこの二種類の情報を、生きた情報と死んだ情報との区別へと翻訳した。「生きた情報は労働者によってたえず生産される情報で、これが死んだ情報に転換され、機械組織と全官僚機構のなかで固定化・結晶化される」[6]、と。

したがって工場には少なくとも二つのコミュニケーション回路がある。管理と機械に属する死んだ言語は、規律の機能と従属をめぐるさまざまな関係を体系化し、強化する。他方、労働者同士の生きた情報の交換は、集団的な行動や不服従に結集することが可能だ。借金を負わされた者のなかに人間の生産力が隠されているように、メディアに繋ぎとめられた者のなかには、曖昧にされ、潜勢力を奪われた人間の知性が存在する。あるいは、メディアに繋ぎとめられた者は死んだ情報で満たされており、生きた情報を創出する私たちの力を阻害していると言った方がよいのかもしれない。

そこに一緒にいるということ

マルクスが、一九世紀半ばのフランスの農民は階級として行動することはできないと主張するとき、彼は、ロマーノ・アルクァティやマッテオ・パスキネッリよりもずっと早い段階で、情報とコミュニケーションのタイプについて同じような区別を行っていた。(7) マルクスが論じるところによれば、農民たちは田舎に散在して暮らしており、互いに効果的なコミュニケーションを交わす能力を欠いているがゆえに、集団的な政治的行動をとることができない。マルクスの有名な言い回しを借りれば、農民たちは自らを代表することができないのだ。ここでマルクスが田舎の農民生活を測る基準は、都会のプロレタリアートのそれである。つまり、コミュニケーションを交わすことによって政治的に行動することができ、自分自身を階級として代表することができるというものだ。

けれども、マルクスから見て農民たちに欠けている情報とコミュニケーションを、単純に量という観点から捉えると間違いを犯すことになるだろう。マルクスは、農民たちがあらゆる新聞を読み、ルイ・ボナパルトの政治的陰謀、荒廃をもたらす戦争、博打《ばくち》的な借金について知っていれば、ルイ・ボナパルトを支持することなく、彼の帝国に対する壮大な夢想も否認するだろうと言っているのではない。プロレタリアたちにはあって農民にはない、もっとも重要なコミュニケーションは、プロレタリアたちが工場のなかで物理的、身体的に協力しあって、ともに働いているということである。階級と政治的行動の基盤は、主に情報の流通を介して形成されるわけでもなければ、観念を介して形成されるわけですらない。そうではなくてその基盤は、むしろ政治的情動の構築を介して形成されるのであり、そしてこの政治的情動の構築に必要なのは、身体的な近接性にほかならないのだ。

二〇一一年の泊まり込み抗議運動と占拠は、コミュニケーションに関するこの真理を再発見するものだった。フェイスブック、ツイッター、インターネット、その他のコミュニケーションのメカニズムはたしかに役に立つが、これらのメディアはどれも、身体的に一緒にいることや、現場で交わされる身体的なコミュニケーションに取って代わることはできない。そして、こうしたコミュニケーションこそが、集合的な政治的知性と行動の基盤なのである。アメリカ合衆国全域および世界各地——リオデジャネイロからリュブリャナへ、オークランドからアムステルダムにいたるまで——で起きたあらゆる占拠運動において、たとえわずかな期間しか継続しなかったとしても、占拠に参加した人びとは、そこに一緒に存在することをとおして新たな政治的情動を創出する力能を経験した。

この点に関して重要なのは、二〇一一年の夏にカナダに本拠をおく雑誌『アドバスターズ』に現れたウォール・ストリートを占拠しようという呼びかけが、アート的な観点から注目されたことだろう。実際、これにニューヨークで着目したのはアーティストらの団体だった。占拠は一種のハプニングであり、政治的情動を引き起こすひとつのパフォーマンス作品なのだ。

中流階級《ミドルクラス》と伝統的左翼もまた、私たちがメディア・システムにどれほど統合されているのか、メディアによってどれほど貧しくさせられているのかを認識してはいる。けれども、彼らがかろうじて応答できる唯一のことは、ノスタルジアと時代遅れの左翼的なモラリズムを足して二で割ったようなものでしかない。

彼らは、印刷物や放送そして電子メディアにいたるまで、メディアが私たちの生活のなかにより深く浸透するにつれて、ますます皮相な経験を生みだしていることを承知している。郵便ポストから個人的な手紙を送るという悠長な行為はEメールの迅速さと手っ取り早さに完全に取って代わられ、影を潜めた。人びとの生活状況、あこがれや欲望に関する複雑な語りは、「いまどこにいるの?」「何をしているの?」といったソーシャル・メディアの典型的な問いに縮減されてしまった。友情を築いてきた習慣や実践は、「友だちになる」というオンライン上の手続きに希薄化された。

このような現状をふまえるなら、占拠運動に対する支援が途方もなく広く拡大した理由の一部を次のように説明することは可能かもしれない。すなわちそれは、中流階級と伝統的左翼が、自分たちも苦しんではいるがうまく扱えないでいる〔コミュニケーションとメディアの〕諸問題に、占拠運動が着実に取り組んでいるということを認識しているからである、と。

セキュリティに縛りつけられた者

全面的な監視状態

自分に関するあらゆる情報がたえ間なく生産されていると考えると、めまいのするような気分になる。むろん周知のように、監視が強化されているのは特定の場所や状況においてである。空港のセキュリティゲートを通り抜けるとしよう。するとあなたの身体も所持品もスキャンされる。ある一定の国々に入国するとしよう。すると指紋を採られ、網膜をスキャンされる。失業者になり、勤労福祉制度に足を踏み入れるとしよう。するとまた別種の綿密な調査にさらされることになる。職を得るための努力、働く意志、就職活動の進展ぶりが記録される。病院、官庁、学校といった組織はどこも独自の調査体制やデータ保存システムを有している。

とはいえ、そのように調査、管理、記録されるのは、あなたがどこか特別な場所に行くときだけではない。街を歩けば一連の監視カメラに記録されるだろうし、クレジットカードで買い物をすれば購買履歴が記録され、インターネットで検索すればその足跡を追跡される可能性があり、携帯電話の通話もやすやすと傍受される。セキュリティの技術は近年急速に進歩し、社会や私たちの生活、私たちの身体のなかに深く踏み込んできているのだ。

ではなぜあなたは囚人のような扱いを受け容れているのか。かつて、監獄は社会から隔離された、全面的な監視のための施設だった。囚人はたえず監視され、その行動が記録された。しかし今日、全面的な監視はますます社会全体の一般的な状態と化している。ミシェル・フーコーによれば、「監獄はまさしく戸口の真ん前から始まっているのだ。君が自分の家から外に出るや否や」(8)。こうした監視を受け容れるのは、監視されていることに気づいていないからだろうか? それとも他に選択の余地がないからだろうか? どちらの理由も部分的には正しいのだろうが、その両方に通底しているのは恐れである。監獄社会を受け容れるのは、そうした社会の外部のほうがより危険に思えるからだ。

監視し、監視される

あなたはセキュリティの対象〔＝客体〕であるだけでなく、その主体でもある。〔不審な手荷物などに〕用心を怠らないようにという呼びかけに応じて、地下鉄では他人の行動に目を配り、飛行機では隣り合わせた乗客が悪だくみをしていないか、家の近所では隣人が悪意を抱いていないか、たえず目を光らせている。恐れを抱いているがゆえに、一見すると普遍的なセキュリティ機械《マシーン》が円滑に作動するように、率先して自分の両目と敏感な注意力を働かせることを正当化しているのだ。

セキュリティに縛りつけられた社会には、二人の人物——囚人と看守が登場する。そしてあなたは両方の役割を同時に演じるように求められている。

セキュリティに縛りつけられた者は、例外状態のなかで生き、育つようなタイプの生き物である。例外状態においては、法の支配や、人びとの連合から生じる伝統的な習慣および紐帯《ちゅうたい》の通常の機能は、包括的な権力によって一時的に停止される。例外状態とは戦争状態のことである。今日、世界の一部の地域では例外状態は低強度の戦争状態を指すが、地域によってはかなり高強度の戦争状態を指すこともある。だが、いずれの地域においても、戦争状態に終わりは見込めない。例外状態を人間社会のいかなる自然な状態とも混同してはならないし、また例外状態を近代国家の本質として、あるいは権力の近代的形象のすべてが向かう終局点として思い描いてもならない。例外状態とは、圧政の一形態にほかならず、あらゆる圧政がそうであるように、ひとえに私たちの自発的隷従ゆえに存在するものなのだ。

監獄が膨張する

監獄社会の囚人と看守のように、私たちが監視の対象〔＝客体〕であると同時に主体でもあるということは、私たちがみな同じ状況におかれているということを意味するわけではないし、監獄のなかにいるのも外にいるのももはや違いはないということを意味するわけでもない。じっさい、この数十年のあいだに世界の収監者数はとてつもなく増加している。とりわけ従来型の監獄だけでなく、司法の監視下におかれたり、拘留施設に収容されたり、難民収容所に入れられたりと、その他無数の収監形態を含めて考えると、そのことが理解できる。

この状況はスキャンダルである、いやむしろスキャンダルであるべきであり、なぜそう思われないのかが不思議である。アメリカ合衆国の囚人人口は、戦後もっとも少なかった一九七〇年代初頭以来、五倍以上に増加している。(9) アメリカ合衆国は、世界のどの国よりも高い割合で自国の人間を収監しているのだ。過去数十年にわたり異例なほど監獄が増設されているにもかかわらず、監房はいまも人がいっぱいで入りきらないありさまである。囚人人口のこの大幅な増加を、アメリカ合衆国の人口に占める犯罪率の上昇や法の執行効率の高まりから説明することはできない。じっさい、この時期のアメリカ合衆国の犯罪率は比較的一定に保たれていたのである。

アメリカ合衆国における監獄の膨張というスキャンダルは、それがいかに人種的な区分に即しているのかを知るとよりいっそう劇的なものに映る。ラテンアメリカ系アメリカ人は白人のほとんど二倍の割合で収監されており、アフリカ系アメリカ人はほぼ六倍の割合で収監されている。死刑囚監房に入っている人種の不均衡はさらに甚だしい。衝撃的な統計を見つけるのは難しいことではない。たとえば、どの日をとってみても、米国の二〇代の黒人男性のうち八人に一人は刑務所か監獄に入っている。今日、矯正《きょうせい》管理下にあるアフリカ系アメリカ人の数は、ミシェル・アレクザンダーの指摘によれば、一九世紀半ばの奴隷の数よりも多いという(10)。

著述家のなかには、監獄が人種的に非対称なかたちで膨張していることについて、プランテーション制度の諸要素が回帰しているとか、新たなジム・クロウ法*が制定されているとか言う者もいる。このような、人種によって異なる収監パターンはアメリカ合衆国だけにあてはまるわけではない。このことは心に留めておこう。ヨーロッパやその他の国々でも、移民の拘留施設や難民収容所を監獄装置の一機関だと考えれば、皮膚の色の濃い人びとの収監率は白人よりも高いのだ。

したがって、セキュリティに縛りつけられた者という形象は均質なものではない。じっさい、収監の度合いには無数の違いがあり、それがセキュリティに縛りつけられた主体性を機能させ

＊　一八七六年から一九六四年まで存在した、アメリカ合衆国南部の黒人に対する差別的な法律。

るうえで、鍵をにぎっている。たとえごくわずかしか違わないとしても、あなたよりも強力な監視と管理のもとにおかれた、下位の人びとがつねに存在するのである。

なぜ軍人の地位が向上するのか

監獄の膨張と同じ時期に、アメリカ社会は軍事化してもいた。もっとも驚くべきは、アメリカ合衆国における兵士数の増加ではなく、軍人の社会的地位の向上である。それほど昔の話ではないが、ベトナム戦争の末期に、戦争抗議者は帰還兵につばを吐きかけ、彼らをベビー・キラー（赤ん坊を殺したやつら）と罵《ののし》ったという噂があった。これは抗議者らの面目をつぶすために広められたプロパガンダ的な神話だったのだろうが、それが示しているのは、その当時、兵士や彼らの社会的役割が軽んじられていたという事実である。わずか数十年後に（ふたたび）軍人が国家的な崇拝の対象になったというのは驚くべきことである。制服に身を包んだ軍人は民間航空機への搭乗で優先されるし、面識のない者たちが立ち止まって彼らに声をかけ、その軍務に感謝の念を述べるのも珍しいことではない。

アメリカ合衆国では、軍服を身にまとった軍人に対する尊敬の念の高まりと、社会全体の軍事化の増大が軌を一にしている。グアンタナモからアブグレイブ刑務所にいたるまで、たとえ実際の拷問ではないとしても、組織的に拷問すれすれのことが日々行われている、軍の管轄下にある収監組織の違法性や不道徳が繰り返し暴露されてきた。それにもかかわらず、軍人に対する尊敬の念は高まっているのだ。

収監者数の増大と拡大する軍事化は、どちらもアメリカ社会が先頭に立って進めている流れだが、それらは世界中に拡散したセキュリティ体制がもっとも具体的に凝縮されたかたちで明示されたものにすぎない。いまや私たちはみな、そうしたセキュリティ体制のなかに〔囚人として〕拘留され、〔兵士として〕組み入れられているのだ。

今日なぜこうした潮流が生じているのか？　さまざまなかたちで現れているセキュリティ体制と歴史的に呼応する現象のひとつとして、資本主義経済を構成する新自由主義的な戦略が優位を占めるようになっていることを指摘することができる。(11) 新自由主義経済が要求する労働者の不安定性、柔軟性、可動性の増大は、原初的な蓄積の新たな段階を特徴づけるものであり、そこでは過剰人口の多様な階層が創り出されているのだ。失業者や潜在的な失業者である貧者は、秩序勢力の側から見れば、そのまま放置しておけば、危険な階級を構成することになる。

じっさい、私たちはセキュリティ体制のなかに抑留され、組み入れられているのだが、それらの形態は、資本主義以前のイングランドで無産階級や浮浪階級に向けられた「血の立法」に対してマルクスが評したのと同じ役割を果たしている。血の立法は、かつて田舎で暮らしていた人びとに都市の中心部で定住型の労働に就くことを強制し、さらに規律と訓練の創出を通じて、未来のプロレタリアたちが賃金労働を、まるでそれが彼ら彼女らの唯一の望みであり運命であるかのように受け容れるようにした。

こうして私たちのセキュリティ体制への参加も、私たちの願望や希望だけでなく、これがもっとも重要なのだが、私たちの恐れに対する、一種のトレーニングや調教として機能することになったのである。監獄は、過剰人口を収容する施設として機能する面も有しているが、同時にまた〔監獄の外にいる〕「自由な」住民を脅かし、恐れを吹き込むための見せしめ《レッスン》として機能する面も有しているのだ。

恐怖という動機

さらに、昨今の経済的・金融的危機によって、きわめて多くの人びとのあいだで別種の恐怖が高まっている。そして多くの場合、もっとも恐ろしいのは仕事を失う恐怖であり、失業すれば生き延びることができなくなるという恐怖である。立派な労働者にならなければならない。雇用者に忠実で、ストライキを起こすことのない労働者にならなければならない。さもなければ、あなたは仕事を失い借金を返済できなくなるだろう、というわけである。

こうした恐れによって、セキュリティに縛りつけられた者が、監視体制のなかで監視する者／監視される者という二重の役割を受け容れることになるが、しかしそれだけではない。こうした恐れが主要な動機となって、他の大勢の者たちがよりいっそう自由を剝奪されているという事実を受け容れることにもなるのだ。セキュリティに縛りつけられた者は、処罰と外的脅威の組み合わせを恐れながら生きている。支配権力とその警察に対する恐れはひとつの要因ではあるが、より重要かつ効果的なのは、危険な他者や未知の脅威に対する恐れ、つまり一般化された社会的恐怖である。ある意味では、収監者のほうが、収監されていない者よりも抱えている恐怖は少ない。それどころか、たとえ刑務所という機械《マシーン》、看守、その他の収監者から受ける脅威に直面しようとも、収監者の覚える脅威は限られたもので、理解可能なものである。セキュリティ体制のなかで収監されていない者の覚える恐怖は、空虚なシニフィアンであり、そこではあらゆる種類の恐ろしい幻覚や妄想が出現しうる。

トマス・ジェファソンがもっとも不名誉で、かつ臆病な態度を示したのは、恐怖心に駆られて、新しく州に昇格したミズーリの奴隷制を妥協して容認し、同時に、合衆国の奴隷制の継続を正当化したときのことである。彼はこう記している。「私たちはいま〔奴隷制の廃止か継続かという問題をめぐって〕、狼の耳をつかんでいるような窮地に陥っている。すなわち、放せば襲いかかられるだろうし、つかんだままでは嚙まれてしまう。〔こうした窮地を測る〕一方の尺度は〔奴隷制を廃止するという〕正義であり、他方の尺度は〔奴隷制を継続するという〕自己保存である(12)」。黒人奴隷は何世代にもわたって不当な扱いを受け、それに対する彼らのもっともな怒りは、骨の髄《ずい》までしみこんでいる。そのためジェファソンはこう推論する。この怒りが爆発すれば、白人社会を破壊してしまうだろう、それゆえ、たとえ不正であろうと、追い詰められた狼の獣性を抑え込むために奴隷制は存続させなければならない、と。

今日のセキュリティに縛りつけられた社会は、ジェファソンと同様の恥ずべき論理によって機能しているが、いまやすでに狼は解き放たれ、暗がりのなかを彷徨《さまよ》いながら、果てしない脅威をもたらしている。亡霊のように出現した恐れが、社会全体に取り憑《つ》くことによって、あらゆるたぐいの不正が是認されるようになっているのだ。

代表された者

なぜ代表制が民主主義を妨げるのか

私たちは多様な形態の圧政から民主主義へといたる長い歴史的軌跡のただなかにいると、つねに教えられている。たとえ場所によっては人びとが全体主義的ないしは独裁的な体制に抑圧されているとしても、代表制の統治形態は、民主主義的かつ資本主義的であると主張しており、ますます世界に広がりつつある。その有効性の度合いはさまざまだとしても、普通選挙は世界中で高く評価され、実施されている。一般的な語りに従えば、グローバルな資本主義市場は住民を政治的に包摂する手段としての議会代表制のモデルをつねに世界中に広げている。

　けれども、二〇一一年に始まった多くの運動は、代表されることを拒絶し、代議政体のさまざまな構造に強烈な批判を向けている。これらの運動はなぜ、近代性《モダニティ》が後世に残した代表制という貴重な贈り物に、罵詈《ばり》雑言《ぞうごん》を浴びせるのだろうか？　代表制にもとづかない統治や圧政という暗黒時代に回帰したいのだろうか？　もちろんそうではない。運動による代表制批判を理解するために、私たちは以下のことを認識しなければならない。すなわち、代表制が実際には民主主義を媒介する手段ではなく、民主主義を実現するうえでの妨げになっているということ、また代表された者という形象が、どのようにして借金を負わされた者、メディアに繋ぎとめられた者、セキュリティに縛りつけられた者という他の三つの形象を集約したものとなっているのかということ、そしてまた同時に代表された者が、どのようなかたちで従属と腐敗がもたらす最終的な結果を典型的に示しているのか、ということを。

　第一に、選挙運動のコストがかさむ一方の状況では、金融と富の権力のせいで、人びとが連合して組織を作って選挙運動のコストを共同負担する可能性が奪い取られてしまっている。自らの資産をもとに選挙活動に参入できるのは、よほどの富裕層に限られている。そうでなければ、選挙に勝ち、政権をにぎるという目標にたどり着くには、買収するか、買収されるかしかない。そして政権をにぎれば、選挙で選ばれた代表者らはますます富を得て裕福になる。

第二に、もし有力なメディアを管理できないとすれば、いったい、いかなる政治的真理が構築可能なのかと、問わざるをえなくなる。圧力団体や資本家が資金提供するキャンペーンが絶大な効果を発揮するのは、私たちを支配する政治的な特権階級《カースト》を政府の責任ある役職へと導くときである。支配的なメディア権力が政治のプロセスを象徴的《シンボリック》な手段を駆使して重層的に決定することによって、自立した闘争や人びととの結びつき、そして運動と統治〔＝政府〕のあいだの弁証法の社会的な発展はつねに抑制され、またしばしば阻止される。要するに、支配的なメディアは民主的な政治参加のあらゆる創発的形態に対して障害を創り出すのである。

第三に、セキュリティに縛りつけられた者が抱く恐れは、支配的なメディアの恫喝《どうかつ》めいた戦術によって、狡猾《こうかつ》でぞっとするような仕方で生みだされている。夜のニュースを見るだけで外出するのが怖くなるだろう。スーパーマーケットの通路で子どもが誘拐され、テロリストが爆弾を仕掛け、隣人が殺人鬼《サイコキラー》である云々といったニュースがそうだ。社会関係が本来有している、人びとを結びつけるという性質は質を変え、恐怖に満ちた孤立と化してしまっている。人間は人間にとって狼である《ホモー・ホミニー・ルプス》*、というわけだ。狂信（ファナティシズム）と暴力が生みだされ、ときには視聴料をとって、マイノリティ（少数派）やオルタナティヴなアイディアがスケープゴートとなり、組織的な大虐殺《ポグロム》さえ引き起こす。原罪はつねに存在するのである。代表のプロセスをとおして、政治は代表された者にこの世の汚悪を転嫁し、押しつけているのだ。

流動性への恐怖

二〇世紀の近代ブルジョア社会の市民には、搾取された人びとや疎外された人びと（規律化された労働者階級も含む）と同様に、国家と市民社会の（しばしばコーポラティズム的な）制度をとおした政治的行動への回路がまだわずかに残されていた。労働組合、政党、より一般的には市民社会のさまざまな連合組織に参加することによって、政治的生活のためのいくばくかの空間が開かれたのである。多くの人びとはこうした時代に対して強いノスタルジーを抱いているが、往々にしてその愛着は偽善に満ちている。だが、すでに私たちがこの間《かん》に目撃したように、そうした市民社会はいかに急速に衰滅し、死滅していったことか！

今日、政治参加の構造は不可視化しており（先述したように、政治参加の構造はしばしば犯罪的になっているか、圧力団体によってコントロールされるだけのものになっている）、また代表された者は、メディア・サーカス（報道合戦）の耳を塞《ふさ》ぎたくなるような愚劣な言動によって操作された社会で活動している。彼らは美徳を欠いた不透明な情報の氾濫《はんらん》に苦しんでい

＊　ローマの劇作者プラウトゥス（Titus Maccius Plautus, 254 BC–184 BC）の言葉。

＊＊　一国の社会や経済は、特権的な私的集団の利害を強く反映するかたちで統合されなければならず、特定の利害集団の代表者との交渉を通じて組織されなければならないとする考えや立場。

る。皮肉なことに唯一、不透明でないのは、応答責任を果たすことがないがゆえにますます卑俗になった富裕者が、あけすけに示す権力のみである。

代表された者は代表制の構造が崩壊していることを認識してはいるが、それに代わる他のシステムを見出せないまま、恐怖へと押し戻されている。この恐怖から、代表制の見せかけすらないポピュリスト的ないしはカリスマ的な政治形態が出現している。市民社会とその広範な制度からなる基本構造が消滅したのは、ひとつには、労働者階級、その諸組織、そして労働組合が有していた社会的な影響力《プレゼンス》が衰退した結果である。それはまた変革の希望が見えなくなったためでもあったし、現実に、起業家の能力が自滅したためでもあった。彼らの能力は、金融資本のヘゲモニーによって溶解し、また社会的結合のメカニズムとしてもっぱらレントのみが価値をもつことによって溶解したのである。

こうした社会で社会的流動性とは何を意味するのか。それは、とりわけかつてブルジョアと呼ばれた人びと（そして次に中流階級《ミドルクラス》と呼ばれ、今日ではしばしば危機のなかでプロレタリアート層と区別がつかなくなっている人びと）にとっては、闇のなかへの降下、底なしの穴のなかへの下降なのである。恐怖が支配しているのだ。こうしてこれらの階級を保護するカリスマ的な指導者が出現し、自分たちは同一のアイデンティティに帰属しているのだと彼らを納得させ（もはやそれは、統一を欠いた、ただの社会的グループ分けにすぎないのだが）、ポピュリストによる組織が台頭することになる。

ルソーとシュミットの逆説

だが、こうあるべきだという理想的なかたちで万事が機能し、政治的代表制が明瞭な透明性と完全性によって特徴づけられていたとしても、代表制は、それ自体が定義上、権力から人びとを切り離すメカニズム、すなわち命令する人びとから命令される人びとを切り離すメカニズムにほかならないのである。一八世紀に共和政憲法が起草され、勃興しつつある政治秩序の中心に（とくに主権を有する主体として）代表制が設定されたとき、すでに明らかだったのは、人口を構成する住民（たとえその住民が、「人民」として指名されていた、白人男性という主体に限られたものであったとしても）が実際に参加したうえで政治的代表制が機能しているわけではない、ということだった。それどころか、政治的代表制は、人民を権力構造に結びつけるとともに、そこから切り離す機能を果たすという意味で、「相対的な（＝不完全な）」民主政だと考えられていたのである。

ジャン・ジャック・ルソーは社会契約（またそれを通じて近代民主主義の基礎）を次のような言葉で理論化した。私有財産（＝私的所有）によって不平等が全般化して、自由を危機に陥れている状況において、政治システムは、民主主義を保証することのできるシステムとして発明されなければならない。それは、国家を構築し、私有財産を保護し、公有財産をすべての人に属するものとして――すなわち誰にも属さないものとして――規定する政治システムである。こうして代表制は、全員に奉仕し全員に役立つものとなるが、全員に属するものであるということは誰にも属さないものであるということになる。ルソーにとって代表制とは、社会を構成する「全体意志（＝全員の意志）」から「一般意志」へと移行する、つまり、全員によって事前に選ばれるが、誰にも応答責任をもたない者たちの意志へと移行する、（形而上学的な）移行経路を通じて生みだされるものなのだ。

カール・シュミットが指摘するように、代表するということは、不在を現前化すること、つまり、実際には存在していない（＝誰でもない）者を現前化することを意味する。[13] シュミットの結論は、ルソーの諸々の前提と完全に一致しており、またそれらの前提そのものが、合衆国憲法やフランス革命の諸憲法のなかで具体的に表現されている。代表制の逆説は完璧なものだ。代表制がこれほど長いあいだ機能してきたということだけでも驚きであり、またその空虚さのなかで、権力者、富の所有者、情報の生産者たちの意志や、迷信や暴力を説きつつ、恐れをかき立てようとする者たちの意志によって代表制が支えられ、ここまで機能してきたということも同様に驚くべきことなのである。

代表制が失効する

だが今日、仮に私たちが代表制という近代の神話を信じ、それを民主主義の媒介手段として受け容れるとしても、代表制を可能にする政治的文脈は根本的に縮減されてしまった。代表制のシステムはそもそもナショナルなレベルで構築されたものなので、グローバルな権力構造の出現が代表制を劇的に掘り崩しているのだ。新しいグローバルな諸制度は、人びとの意志を代表するふりをすることすらほとんどない。政策協定や事業契約は、グローバル・ガバナンスの構造の内側で、つまり国民国家に属するあらゆる代表制の能力の外側で調印され、署名され、保証される。「国家なき憲法」が現に存在しているか否かを問わず、かつて代表制は〔社会契約や一般意志という〕ごまかしの手法で人民を権力に就かせるというふりをしていたが、こうしたグローバルな領域においてその機能がもはや何の効力も有していないことは確実である。

では、もう一方の代表された者はどうか。こうしたグローバルな文脈のなかで、市民としてのその資格や特性のうち、いったい何がまだ残されているのか？　代表された者は、もはや積極的に政治的生活に参加することはなく、気がつけば社会的生活という現在のジャングルのなかで独りで闘う、貧者のなかの貧者となっている。もし生き生きとした感覚が呼び起こされなければ、そしてその民主主義への衝動に目覚めなければ、代表された者は、もはや市民―労働者に言及することもない、権力の純粋な生産物、ガバナンスのメカニズムの空虚な殻となってしまうだろう。

したがって、代表された者は、他の主体形象と同じようにごまかしや神秘化の所産である。借金を負わされた者が生産的で社会的な力を自ら管理することを否定されているように、メディアに繋ぎとめられた者がその知性・情動的能力・言語的発明力を〔メディアに〕売り渡してしまっているように、そしてセキュリティに縛りつけられた者が恐れと脅威に切り詰められた世界のなかで生きながら、連合・正義・愛にもとづいて社会的な交換や交流を行うあらゆる可能性を剝奪されているように、代表された者は実効的な政治的活動へのアクセスを阻まれているのだ。

代表制から民主主義へ

二〇一一年に起きた数多くの運動は、代表制の政治構造と諸形態に批判の矛先を向けている。なぜなら、たとえ代表制が効力を有しているとしても、じつのところそれは民主主義を強化するどころか阻止しているということを、それらの運動ははっきりと認識しているからだ。こうした認識をふまえて、それらの運動は問う――民主主義というプロジェクトはいったいどこに行ってしまったのか？　私たちはどうすればふたたびそのプロジェクトに積極的に参加することができるのか？　市民―労働者の政治権力を取り戻す（というよりも、実際には初めてそれを実現する）ということは何を意味するのか？

二〇一一年の運動が教示するひとつの道筋は、本章で私たちが概観した、貧困化され潜勢力を殺がれた主体形象に抗して、叛乱と叛逆を引き起こすことによって開かれる。民主主義が実現されるのは、この道筋をしっかりと把握し、定めることのできる主体が現れ出るときだけなのである。

第二章

危機への叛逆

ともに存在するということ

今日の新自由主義の指導者らは――自分たちの手中にある官庁、企業の役員室、メディア発信地、証券取引所から――、危機は切迫し、状況は絶望的である、と繰り返し主張している。彼らによれば、すでにタイタニック号に乗りあわせている私たちは、この究極の大惨事から逃れるために、借金を負わされた者、メディアに繋ぎとめられた者、セキュリティに縛りつけられた者、代表された者の状況をさらに悪化させることに同意しなければならない。彼らは私たちにこう約束する。事態を悪化させることこそ、唯一の救済の道なのだ、と！　こうした恐喝を前に、立ち上がって、沸々《ふつふつ》とわき上がる私たちの憤りをはっきりと表明することはできないのだろうか？

現代社会における四つの被支配者の形象は、そのいずれも叛逆するための力量を有しており、また自らを反転させて〔構成的〕権力の形象となる力量をも有している。この反転は弁証法的なプロセスの結果ではなく、ひとつの出来事である。つまり、さまざまな支配関係を打破し、四つの服従させられた形象を再生産するプロセスを引っくり返す、主体的な好機《カイロス》*が生みだす結果である。これは私たちのたんなる理論的な推測ではなく、二〇一一年に始まった闘争のサイクル――叛逆と抵抗の一連の事例を構築するもの――によって裏づけられ、確証された現実である。

新自由主義が社会、経済、政治にもたらした生のさまざまな変容は、たんにそれらが生みだした主体を無力化し、貧困化しただけではない。今日のプロレタリアートが経験している貧困化は、実際にはマルクスとフリードリヒ・エンゲルスが理論化したように、賃金の低下や個人的・集団的生活における物質的資源の枯渇であるばかりか、私たちの人間としての潜在能力、とりわけ私たちが政治的に行動するための潜在能力を(ますます)剥奪してもいる。

一例としてハンナ・アーレントをあげよう。(14)というのも彼女は、資本主義が勝ち誇った時代に人間の活動の潜勢力がこのように一般的に切り詰められることを十分に理解し、予測していたからだ。事実、私たちがここに記してきた昨今の諸現象をアーレントが精察することができたなら、人間的な活動が縮減されるプロセスについて、そして「活動」**という自らの概念につ

---

* カイロスはギリシャ語で「時」を意味する。ただし時系列的な時の流れを意味するクロノスとは異なり、むしろそうした単調な反復からなる「時」を切断する絶好の機会、行動の決断が下される瞬間を意味する。カイロスについては、『マルチチュード(下)』3-3やアントニオ・ネグリ、マイケル・ハート/水嶋一憲監訳、幾島幸子・古賀祥子訳『コモンウェルス(上)』(NHKブックス、二〇一二年)3-3を参照。

** アーレントは『人間の条件』のなかで「労働」「労働 labour」「仕事 work」「活動 action」を活動的生活を構成する三つの類型としてあげている。「労働」「仕事」が人が物に対して行う営為であるのに対し、「活動」は人と人とのあいだで相互に営まれるコミュニケーション的な営みであることを特徴とし、これこそが政治にふさわしいアクティヴィティの形態であると指摘している。

いて、彼女はさらに理解を深めることができただろう。いまや「活動」という概念は、資本主義時代の、搾取され、官僚化された労働の、活力を奪う過酷な側面とは違う側面をたんに指し示すだけのものではない。それればかりではなくこの概念は、仕事と搾取のそうした状況を横断的に覆す、生きた好機《カイロス》、つまり抵抗の好機でもありうるのだ。

負債の重みに打ちひしがれ、催眠術にかかったようにテレビの画面に夢中になり、自宅を監獄化してしまったとき、人は資本主義の危機がどれほど個人を孤立させ、人間の情熱《パッション》〔＝情念〕を歪めているかを実感する。そのとき人は自分が孤独であり、潜勢力も奪われてしまっていることをはっきりと思い知るのだ。

けれども、まわりを見渡せばすぐに、結果としてこの危機が、ともに生きる条件を生みだしていることにも気づくだろう。危機のなかで、借金を負わされた状況、メディアに繋ぎとめられた状況、セキュリティに縛りつけられた状況、代表された状況は、私たちが集合的に存在する条件を示しているのだ。たしかに、別の選択肢《オルタナティヴ》は存在しないかもしれない。私たちはタイタニック号のデッキに佇《たたず》んでいる。個々人の特異性からなる力能は貧弱にされ、縮減され、その結果、私たちの生は陰鬱で、互いに無関心で差異のないものになってしまっている。けれども私たちは、いまここで、ともに存在している。共同体を生みだす好機と同じく、抵抗を生みだす好機もまさにここにあるのだ。

私たちは、疲弊化や貧弱化、悲惨、孤独という状態から自らを解放するために闘わなければならない。だが、どのように始めることができるのだろうか？

ドゥルーズはニーチェを解釈してこう述べている。潜勢力を奪われた主体とは、「自分が為しうることから分離された力」のことである、(15)と。私たちは〔政治的な〕活動と、ともに存在することとを、ふたたび接続するような力を見出さなければならない。たとえば、憤激は個人の苦痛を表現しているわけだが、それは、孤立した抵抗のなかですら「ともに存在する」ということを暗示しているのである。*

「ともに存在する」ということは、特異なものへと生成変化することだ。** なぜなら、特異な

---

* 「憤激」や「憤慨」の情動とは、スピノザの『エチカ』によれば、「他人に害悪を加えた人に対する憎しみ」にほかならない。ゆえにそこには、〈共〉にもとづく抵抗や叛逆の契機が含まれている、と考えられる。より詳しくは、ネグリ、ハート『コモンウェルス（下）』4－3を参照。

** ネグリとハートは一貫して、「特異性《シンギュラリティ》」の概念と「同一性《アイデンティティ》」の概念を厳密に区別している。その場合、まず強調されるのは、同一性とは異なり、特異性が多数多様性や生成変化と不可分の関係にあるという点だ。それぞれの特異性は、社会を構成する他の諸々の特異性と関係するものであると同時に、それじたいの内部に多数多様性を抱えている。したがって、おのおのの特異性は――社会的な多数多様性を構成する他の諸々の特異性との関係と、自己の内部にある多数多様性の内的構成とが不断に変化しつづけるものである限りにおいて――、つねにいまとは違うものに生成変化するプロセスのただなかに置かれているわけである。より詳しくは、『コモンウェルス（上・下）』のとくに（下）6－1を参照。

ものになることは、個人化されることとは対照的に、ともに存在する主体の力をふたたび見出すことを意味しているからである。特異なものとなった主体性が発見するのは、他の特異性とともに集合的な主体性をふたたび合成することなしにはいかなる出来事も起こりえないということである。それはつまり、叛逆することなしに特異な主体性がともに存在することはありえない、ということだ。したがって、特異化のプロセスは、ともに存在する状態に向かって開かれた自己肯定、自己価値創造、主体的な決断として、具体化〔＝肉体化〕されることになる。すべての政治運動はこのようにして誕生するのである。まず、〔悲惨や孤独をもたらす状況から自らを〕きっぱりと切断するという決断を下し、それから〔他の諸々の特異な主体性と〕ともに活動するという提案へと向かうのだ。

借金をひっくり返せ

返済を拒否する

主体化のプロセスは拒絶から始まる――私にその意志はない。私たちはあなたたちの借金を返したりはしない。家から立ち退くのはお断り。緊縮措置に応じたりはしない。それらの代わりに私たちが望んでいるのは、あなたたちの、いや実際には私たちの富を再領有することなのだ。
ある時期、たとえば危機がこのうえなく厳しい打撃をもたらし、個人が独りで堪え忍ばなければならないようなときに、極端かつ絶望的な力とともに抵抗の意志が生まれてくることがある。この意志はどこから生まれてくるのだろうか？　多くの哲学者は、抵抗の意志の起源を欠如のなかに位置づけている。あたかも人が欲求し行動するには何か足りないものに焦点をあてなければならないと言わんばかりに。しかし、これは真実ではない。抵抗の意志は、欠如ではなく充溢《じゅういつ》を肯定したいという衝動、欲望を育成し叶《かな》えたいという衝動から積極的に生みだされるのだ。

借金を返さないという意志は、私たちが持っていないものや、失ったものを探し求めることをたんに意味するだけではない。それと同時に、またより重要なことだが、私たちが欲するものを、より善く、より美しいものを、つまりは社会性と社会的関係の豊穣さを肯定し、さらに発展させることを意味しているのだ。

したがって借金の返済を拒否することは、社会的紐帯や法的関係を断ち切り、個人化され断片化された空虚な領域を創出することを意味するわけではない。私たちがそうした束縛や負債から逃走するのは、「紐帯」や「負債」という言葉に新しい意味を付与し、新たな社会的関係を見出すためである。

マルクスが、資本主義社会においては貨幣こそが主要な社会的連結であると語るとき、彼は現実を看破しつつあった。「各個人は、」とマルクスは言う、「彼の社会的力を、彼の社会との連関と同じように、彼のポケットのなかにたずさえている」(16)。負債の返済を拒絶する目的は、貨幣の権力と、貨幣が創り出す束縛を粉砕すると同時に、新たな紐帯と新しい負債〔＝恩義〕の形態を構築することなのである。そうすることで、私たちはますます互いに恩をほどこし合い、金融による束縛ではなく、社会的紐帯によって結ばれるようになるのだ。

負債が生む結びつき

こうした社会的な相互依存によって特徴づけられる主体の諸形象は、すでに新しい経済状況のなかで準備され、育てられてきた。そこでは生政治的生産と、価値増殖のための投資の対象となった生がヘゲモニーをにぎっており、特異性同士の協働がその基礎となっている。協働と生産上の相互依存は〈共〉《コモン》の条件であり、いまでは、〈共〉が社会的生産の主要な基盤を構成しているのである。要するに、私たちを互いに結びつける社会的紐帯が生産手段となっているわけだ。私たちが生産性と力能を見出すのは、相互依存のなかにおいてであり、私たちの〈共〉性《コモナリティ》においてなのである。

だからこそ、たとえいま金融を通じた負債の流れ《フロー》に個人をバラバラにする効果があるとしても（この流れとともに個々人の苦悶、絶望、痛みが生まれ、これらの感情は私たちがバラバラに孤立させられることによって倍増している）、新しい負債の形態は、契約関係のなかに閉ざされたものでなく、これまで以上に社会的・反個人的・過渡的・特異なものになっているのである。主体がこの点に気づくとき、つまり個々人の特異性が、〔負の〕スパイラルへの従属や、スパイラルのもとでの無力化や疲弊化から脱出するとき、その主体は、そうした社会的紐帯や社会的負債が測定不能なものであるということ、より適切な言い方をすれば、それらは従来の数量的な方法では測定不可能であるということを理解できるようになる。

新しい社会的紐帯と負債は、質的な方法においてのみ示されるのであり、言いかえれば、人びとの欲望を媒介する手段として、また旧来の悲惨さから私たちを救出し、負債が押しつける旧《ふる》い重荷を断ち切る決断として示されるのである。

このようにして生じる、負債の新たな社会的形態によって、〈共〉の美徳に満ちた側面が明らかになる。第一にそれらの負債には債権者がいない。またそれらは特異性同士の関係を束ねることによって定義される。しかもそれらの負債は、道徳性や罪悪感〔＝負い目〕によって縛られているわけでもない。それらの負債は、道徳的な義務からではなく、私たちが互いに負い、また社会に負う、社会的負債の相互承認にもとづいた〈共〉の倫理を通じて機能しているのである。

国家債務への闘争と個人債務への闘争

この数十年のあいだ、貧者と貧困化された者たちは、借金の個人的・集団的な軛《くびき》に抗して数々の闘争を行ってきた。ウォール・ストリートの占拠はもっとも見やすい事例かもしれない。というのも、ウォール・ストリートはグローバルな借金社会の究極的な象徴《シンボル》であり、すべての債権者の換喩《メトニミー》としての役割を果たしているからだ。けれどもこれらの抗議はけっして孤立したものではない。ズコッティパークの泊まり込み抗議活動を生んだ昨今の負債〔＝債務〕に対する抗議運動には二つの流れがある。

そのひとつは、主として従属諸国の国家債務に集中的に取り組むものであり、世界銀行やＩＭＦに対抗し、いまとは別の《オルター》グローバリゼーションを要求するさまざまな抗議をとおして広がった流れである。そうしたオルター・グローバリゼーションの動きは、アルゼンチンでの経済危機に対処するための新自由主義政治に対抗して、二〇〇一年に生じた民衆蜂起と全体集会の運動で絶頂を迎えることになった。その先駆けは、一九八九年のベネズエラ、一九七七年のエジプト、一九七六年のペルーにおけるように、財政緊縮プログラムに反対して発生した数々の「ＩＭＦ暴動」である。

もうひとつの流れは、より断片的なもので、その特徴は、貧者が負わされた個人的な負債および個人化された負債の重荷に対して抗議するという点にある。一九九二年のロサンゼルス、二〇〇五年のパリ、そして二〇一一年のロンドンの暴動がそうだ。これら三つの暴動はどれも、大都市《メトロポリス》における人種的従属関係に対する怒りを表出するものであった。またこれらの暴動は警察の暴力行為が引き金となって発生したが、いずれの場合においても、人種的に従属させられた人びとによる抗議は、資本主義社会における商品と富の権力への拒絶と強く結びついていた。つまり彼らが略奪や放火を行ったのは、所有を拒まれた商品への欲望に駆られていたせいでもあるが、しかしまた、これらの出来事には、そうした商品が彼らを社会的に従属させる手段として機能しているという状況そのものを破壊するという象徴的な意味も含まれていたのだ。

貧困のなかで疲弊した暴徒の粗野な民衆蜂起や暴力的な怒りの表現を、ズコッティパークの秩序立った占拠者《オキュパイアーズ》たちとはもちろん、まるでカーニバル隊のようだったオルター・グローバリゼーション運動の抗議者たちとですら、ひとくくりにしてくれるなと思う者たちもいるだろう。けれども、これらの闘いのなかに進んだものと遅れたものがあると考えてはならない。政治的意識は自然発生性から〔自覚的な〕組織化へと向かうという、かつてのボリシェヴィキ的な理論は、もはやここではあてはまらない。貧者の叛逆はどうしたらより良く組織化され、より建設的で、非暴力的になるのかなどという、道徳化を推進するような考え方はいっさい捨て去ろう。

警察はアメリカの大学キャンパスでは唐辛子スプレーを使うが、大都市の暗部では抜け目なく巡回しながら発砲する。こうしたそれぞれの闘いのなかでもっとも重要なのは、新たな社会的紐帯が形成されるプロセスのなかで、強烈な拒絶の意志もまた多様なかたちで表現されるという事実を理解することだろう。これらの闘争は、既存の秩序を回復しようと模索しているのでも、不当な扱いを受けた人びとへの正義や償いを求めているのでもなく、もうひとつの可能な世界を構築することを欲しているのだ。

真理を作り出せ

情報開示だけでは変革は起きない

メディアに繋ぎとめられるのを拒むとき、私たちはメディアに騙《だま》されるのをやめ、新聞で読んだ記事を丸ごと信じるのをやめ、メディアから付与される真理を単純に鵜呑みにするのをやめる。それはもちろん大切なことだが、同時にメディアから注意をそらす必要もある。ときにはビデオスクリーンの虜《とりこ》になり、目が離せなくなることもあるだろう。まるで催眠術にかけられたかのように、メールを打つのに夢中で人とぶつかりながら都市のストリートを歩く（さらには運転する！）人びとを、どれほど見かけたことか。メディアの呪縛を解き、新しいコミュニケーションの方法を見つけ出そう！

私たちには、いまとは異なる情報、いまとは異なるテクノロジーが必要なのだが、それだけで十分というわけではないし、それが主要な事柄というわけでもない。そう、私たちは真理を見出さなければならない。しかし、またそれ以上に重要なのは、私たちが新しい真理を作り上げなければならないということなのだ。この新しい真理を創出することができるのは、互いにコミュニケートし、ともに存在することによって織りなされるネットワークのなかの諸々の特異性のみである。

情報提供に重点をおく政治的プロジェクトはたしかに重要だが、それはあっけなく失望と幻滅をもたらすものでもある。アメリカ合衆国の民衆が、政府の取り組んでいることや政府の犯した犯罪を知ってさえいれば、彼らはきっと立ち上がって変革するだろう、と考える者もいるかもしれない。けれども実際には、たとえノーム・チョムスキーの著作をすべて読み、ウィキリークスによって公開されたあらゆる資料に目を通したとしても、彼らは同じ政治家に投票し、同じ政治家を政権につけ、つまるところ同じ社会を再生産することだろう。情報だけでは不十分なのだ。

より一般的に言えば、同じことはイデオロギー批判にもあてはまる。権力に関する真理を暴いたからといって、人びとがまるでそれが自分を解放することであるかのように、自ら隷属状態を求めて闘うことをやめるわけではない。また、公共圏におけるコミュニケーション的行為のための空間を開けばそれで十分だ、というわけでもない。メディアに繋ぎとめられた者とは、〔現実を正しく認識することのできない〕虚偽意識に囚《とら》われた形象ではなく、ウェブに囚われ、メディアに注意を奪われ、メディアの虜になった者のことなのである。

スローガンを作り出すために

ネットワークを形成し、そのなかで能動的にコミュニケーションを交わすことができるようになるためには、まずあなたが特異性に生成変化しなければならない。旧い文化的プロジェクトは、疎外に反対して、あなたが本来の自分に回帰することを望むものだった。これらのプロジェクトは、資本主義社会やイデオロギーが私たちを本来の自分自身から切り離し、二つに分裂させるやり方に闘いを挑んだ。そして多くの場合、個人的な観点から〔本来の自己の〕全体性や真正性のかたちを取り戻そうと探求するものだった。

しかしこれとは逆に、あなたが特異性に生成変化するときには、けっして全体的〔=統一的〕自己であることはできないだろう。諸々の特異性は、内的にはそれぞれが多数多様であることによって、外的には他の特異性との関係において自らを見出すことによって定義される。それゆえ、ネットワークを形成した諸々の特異性が交わすコミュニケーションと表現は、個々人によるものではなく、合唱的《コーラル》なものであり、つねに行為と結びついた活発な状態で、私たちを他者たちとともにある存在へと作り上げていく。

メディアに繋ぎとめられなくなるからといって、私たちがメディアと相互に作用し合うことをやめるわけではない——じっさい、二〇一一年の運動は、フェイスブックやツイッターといったソーシャル・メディアを駆使したことで知られている。けれども、私たちとメディアとの関係は変化を遂げることになるのである。

第一に、私たちは諸々の特異性としてネットワークのなかで自由な可動性を手にしている。私たちは昆虫のように群がり、新しい道を歩み、新しい様式《パターン》や配置のなかで寄り集まる。ここで中心的な役割を担うのが、政治的組織化の形態である。つまりその形態とは、諸々の特異性からなる脱中心化されたマルチチュードが、水平にコミュニケーションを交わす、というものである（またソーシャル・メディアは、そうした組織化の形態と合致したものなので、マルチチュードにとって有用な働きをする）。今日、デモと政治的行動は、指令を発する中央委員会から生まれるのではなく、数多くの小さなグループが集い、そこで交わされた議論から生まれている。同様に、デモのあと、数々のメッセージが近隣の繋がりを通じて、また大都市に張りめぐらされた多様な回路を通じてウイルスのように広がっているのである。

第二に、メディアは私たちが集合的に自己を生産するための道具《ツール》となる。私たちが新しい真理を創出できるのは、私たちがバラバラな個人であることをやめ、私たち自身を他者との関係のなかで構築し、自身を〈共《コモン》〉的な言語に対して開くときだけである。真理を作成することは、創造するという集団的な言語行為なのである。つまり、デモにおいて政治的なスローガンが創造され拡散することで、私たちはときに真理を作り上げることになるのだ。たとえばオキュパイ運動で生まれた「私たちは九九％だ」という、九九％の大多数を一％の富裕層と対置するスローガンは、社会的不平等という現実を浮き彫りにし、公的な場での議論のやりとりを劇的なかたちで転換させた。

さらに複雑な事例は、二〇〇一年にアルゼンチンで発せられたスローガン「みんな（国家機構から）出て行け《ケ・セ・バイアン・トドス》！」から生みだされた真理である。このスローガンは、政治家、政党、立憲システムそのものの腐敗を凝縮したかたちで表明するものであるばかりか、新しい参加型の民主主義に向けた潜勢力を表明するものでもあった。また、こうして生みだされた真理のひとつに、新たに政治的情動が創出されたということがあった。この創出は、私たちがともに存在するための言葉や条件を、互いの交渉を通じて練り上げることによってなされた。ともに存在することを介してこうした政治的情動を表現することにより、新しい真理が具体化されたわけである。

「泊まり込み抗議」の可能性

こういうわけだから、ネットワークを形成する諸々の特異性間の真のコミュニケーションには、〔身体的に近接した〕泊まり込みの抗議が必須となる。泊まり込みの抗議は、たとえば学生の占拠運動において生じるような、一種の自己学習の経験や知の生産をもたらすのである。そうした瞬間〔＝契機〕は魅惑的で啓発的なものに感じられるだろう。というのも、集合的知性や新たなコミュニケーションが、ともに存在することを介して構築されるからである。

カイロのタハリール広場からマドリードのプエルタ・デル・ソル広場、ニューヨークのズコッティパークにいたるまで、二〇一一年に占拠された広場では、さまざまな集会における議論、衝突、合意を通じて新たな真理が生みだされたのだった。居住権の問題や抵当権の行使、ジェンダー〔＝性差〕関係、暴力にいたるまで、さまざまな問題を議論するワーキング・グループや委員会が立ち上がり、これらが、自己学習の経験としても知の生産を広める手段としても機能していたのである。このような泊まり込み抗議を経験したことのある人なら誰でも、新しい知と新しい政治的情動が、ともに存在する人びとの相互作用から生じる身体的・知的な強度のなかで、いかにして創出されるのかを覚えているだろう。

泊まり込み抗議によるコミュニケーションの可能性をもっとも明瞭に示す昨今の事例は、おそらくメキシコのチアパス州で何十年にもわたってつづけられている、サパティスタ*の自治の実験である。サパティスタ民族解放軍（ＥＺＬＮ）は、ラカンドンのジャングルから電子文書による声明を発し、インターネットへの投稿を含む、メディアの新奇な使い方ゆえにその存在を早くから知られている。

けれども、それよりもさらに重要で革新的なのは、サパティスタの共同体における集合的自治の実践をとおして生みだされた、コミュニケーションのネットワークと政治的な真理である。サパティスタの共同体のなかでたえず試みられてきたのは、ジェンダーの階層秩序や社会的な階層秩序を転覆することであり、またすべての人びとに対して意思決定に参加し、統治責任を担う機会を開こうとする企てであった。この企てを通じて、「他者に従うことによって、他者を導き」「前に向かって歩きながら、問いを発する」ことをめざす彼らのプロジェクトは、実質的な内容と意義をあわせもつことになったのだ。

逃走し、自由になれ

権力関係からの脱走と不服従

今日のセキュリティ体制を拒絶するあらゆる方法のうち、もっとも重要なのは、逃走のさまざまな様式である。監獄を打ち壊すことはできないし、軍と闘うこともできない。できるのはただ逃走することだけである。鎖を断ち切り、逃走せよ。多くの場合、逃走は表に現れないことではなく、むしろ目に見えないものになることを必要とする。セキュリティはしばしばあなたを可視化することによって機能するので、セキュリティから逃れるには見られることを拒絶しなければならない。不可視なものになることは、一種の逃走でもある。

逃亡者、脱走者、不可視の者たちは、セキュリティに縛りつけられた者が自由を求めて闘うときの真のヒーロー（もしくはアンチ・ヒーロー）である。けれども、逃走するときにはジョージ・ジャクソン**を思い出し、逃走しながら武器を手に取ろう。将来、いつかそれが役に立つ日が来るかもしれないから。

けれども実際に拒絶し逃走できるのは、あなたが自分の力能に気づくときだけである。セキュリティ体制の重圧下で暮らす者たちは、自らを無力なものとして捉え、強大なセキュリティの力に対して自分はあまりにも小さな存在だと考える傾向がある。監獄社会で生きる者は、自分の生はリヴァイアサンに呑み込まれており、その権力によって消費されていると考えている。私たちはどうしたらリヴァイアサンの破壊力と互角に闘い、すべてを監視するその装置と、

＊　メキシコでもっとも貧しいとされるチアパス州で一九九四年一月一日、北米自由貿易協定（NAFTA）の発効日に武装蜂起した先住民主体のゲリラ組織。メキシコの先住民、農民に対する構造的差別や搾取からの解放を訴え、確実にその支持者を増やしている。

＊＊　アフリカ系アメリカ人の共産主義者。ブラックパンサー党の指導者の一人で、何度も脱獄を試み、最期は警備員に銃殺された。

すべてを知りつくしたその情報システムから逃れることができるのだろうか？

脱出方法を見出すためには、フーコーと、それ以前にニッコロ・マキアヴェッリが説明した権力の本性に関する基本的な認識——権力とは〈物〉ではなく、〈関係〉である、ということ——を思い起こす必要がある。権力がどれほど強力で傲慢《ごうまん》なかたちであなたの前に立ちはだかっていようと、権力はあなたに依存し、あなたが抱く恐れを糧《かて》にしているのだ。権力が生き延びているのは、あなたが自ら率先して権力関係に参加しているからだ、ということを肝に銘じなければならない。脱出口を探し出せ。脱出口はつねにそこにある。脱走と不服従は自発的隷従に抗するために頼りになる武器なのである。

逃走はしばしば例外的な形態をとることがある。たとえば一五世紀スペインのマラーノ*は、キリスト教への改宗を強いられたが、密かにユダヤ教を信仰しつづけた。彼らは二重生活を送っていたわけである——権力勢が監視しているときにはそれに服従し、隠れた空間ではその権力をひっくり返す、といった仕方で。マラーノはじっと留まりながら、一種の秘密の逃走を行っていたのである。

監獄と軍を廃止するプロジェクト

闘いの一環として私たちは、遍在するセキュリティ・システムの触手に抗うだけでなく、現実に立ちはだかる具体的な監獄の壁、兵舎の壁を打ち破らなければならない。たとえば『監獄ビジネス』の著者アンジェラ・デイヴィス**は監獄の廃止を要求したが、[17] これは正当なことだ。アメリカ合衆国の監獄（そしてあちこちに増設された移民拘留施設）の収監者の人種構成を見ると、今日の監獄に対する闘争が、新しい奴隷制度廃止論の中核をなしていることが分かる。それは、人種的隔離と人種的従属のもっとも極端な構造のいくつかに終止符を打つ闘いである。今日の監獄は明らかに、一九世紀の改革者らが構想したような再教育や社会的再統合といった高尚な機能は果たしていない。それどころか、監獄は、反社会的な主体性を創出および再創出し、恐怖を永続化させ、社会的な諸関係を蝕《むしば》む機械《マシーン》なのである。

軍および軍事化に抗する闘争も同様に重要である。合衆国大統領など傑出した著名人らが発してきた、軍事機構は公共の自由と民主主義を弱体化させているという警告は、これまでほぼ完全に無視されてきた。早くはトマス・ジェファソンとジェイムズ・マディソンが常備軍に対

---

* かつて一五世紀末のスペインにおいて、迫害を逃れるためやむなくキリスト教に改宗したユダヤ人（コンベルソ converso）の蔑称。スペイン語で「豚」を意味する。

** 米国アラバマ州出身の社会学者、反人種差別主義者・フェミニズム運動家。現在、カリフォルニア大学サンタクルズ校特任教授。監獄制度をめぐり国内外で活発な著作、講演活動を行っている。著書『監獄ビジネス』では、現代アメリカの監獄制度の肥大化のメカニズムを解明し、監獄問題の根本的解決のための展望を模索している。

する反対論を展開し、のちにはドワイト・D・アイゼンハワーが、巨大な軍事機構と強大な兵器産業の癒着によって悲惨な出来事が生じるという陰鬱な予想を行ったにもかかわらず、それらの警告はすべて無視されてきたのだった。建国の父たちや過去の大統領をたいそう敬う国であるわりに、アメリカ合衆国がこのテーマに関する彼らの嘆願にまったく耳を傾けていないというのは驚くべきことである。

軍は、監獄のように、人びとの主体性を劣化させ、社会的な関係を蝕んでいる。帰還兵は、戦争と軍隊のヒエラルキーによって傷つけられているだけなく、家族や交流する人びとに自らの病的な価値観にもとづく主体性をまき散らしている。フェミニストが長年にわたり分析してきたのは、軍国主義が増殖させ、再生産してきた男らしさという形態の権力性、脆弱さ、そして病理であった。

監獄と軍の廃止を求めるプロジェクトは正当なものであり、重要で好ましい効果をもたらすものである。だが、現在のようなかたちで構造化されている私たちの社会のなかで、これらの闘争の目標を十分に実現するのは不可能なことだ。このことは認めなければならない。監獄と軍は毒であるが、皮肉なことに、病んだ身体は生き延びるために毒を摂取しつづけねばならず、それによって自身をたえず悪化させてしまう。監獄は監獄を必要とする社会を創り出し、軍は軍を必要とする社会を創り出す。これらをきっぱりと断ち切るのは自殺行為だろう。毒に犯された身体を浄化するためには、長期間にわたって、その病んだ身体を治癒していかなければならないのである。

「もう何も恐れない」

健全な社会へと向かう鍵は、恐れることをやめて、真の自由と安全確保《セキュリティ》を創出することである。二〇一一年二月のカイロのタハリール広場でもっとも人びとの心を打ち、人びとを感化させた出来事は何だったか。それは、馬やラクダに乗った政府側の勢力が広場で暴れまわり、抗議する者たちを残酷なまでにむち打った、そのわずか数日後に起こった。人びとが、不当行為を非難したり、今後いかに自らを防御するかを確認したりするのではなく、たんに、そして驚くべきことに、「もうこれ以上恐れたりはしない」と口にし始めたのだ。恐れることは何もないというこの言葉は、ムバラク体制の命綱ともいうべきブロックを撤退させることに繋がった。

それから三カ月後のマドリードのプエルタ・デル・ソル広場で、泊まり込み抗議者に脅しをかけた警察に対して、人びとはこう応答した。「私たちは何も恐れない《ノー・テネモス・ミエド》」と。それは、エジプトの主張をそのまま踏襲するものだった。私たちは、これらの運動に参加した闘士が、どのようにして恐れを知らぬ大胆不敵な状況に達したのか、うまく説明することはできない。けれども、その主な理由は、彼らが広場にともに集い、ともに存在していたことにあるにちがいない。

むしろここから容易に理解できるのは、彼らの政治的力能の重要性である。権力はそれに従属する主体が恐れを克服し、自らを恐れから解き放ったときには、もはや生き延びることはできないのである。

こうした仕方で表明された恐れを知らぬ大胆さは、チェ・ゲバラの革命的ヒロイズムを想起させるかもしれない。彼は、大義は自らの死後もより大きなかたちで引き継がれるにちがいないという確信を抱いて、自身の命を投げ打った革命戦士である。けれども私たちはヒーローや殉教者にはほとんど関心がない。さらに私たちは、これらの広場に泊まり込んだ者たちが備えていた、恐れを振り払う能力は、ヒロイズムやまして死とは何の関係もないと考えている。

スピノザはいささか謎めいたかたちでこう宣言している、「自由な人間は何よりも死について考えることがもっとも少ない。そして彼の知恵は、死についての省察ではなく、生についての省察である(18)」、と。スピノザの見解によれば、真の安全確保は、あらゆる敵を圧倒するための強大な権力を積み上げることによって生じるわけではない。それはまた、死を寄せつけないよう要求したり、聖パウロのカテーコン〔抑制する者〕のように、悪を食い止めるよう要求したりするわけでもない。私たちは、不死について幻想を抱いているわけではなく生の喜びに重点をおいているために、死は後知恵的なものになっている。泊まり込みの抗議者らは、ともに生き、ともに議論し、意見を異にし、闘争することで、スピノザが予見していた真理を再発見したように思われる。つまりその真理とは、真の安全確保と恐れの克服は、集団的な自由の構築を通じてのみ達成することができる、というものである。

自らを構成せよ

代表制というアンシァン・レジーム

あなたたちは私を代表しているわけではない！　みんな（国家機構から）出て行け《ケ・セ・バイアン・トドス》！　このように、代表制と代議政治の諸構造は、二一世紀初頭の新自由主義の危機のさなかに何百万の人びとによって拒絶を宣言されてきた。こうした抗議と拒絶をとおして、この危機が経済的・社会的・政治的なものであるばかりか、構成的〔＝立憲的〕なものでもあるということが即座に明らかになる。この事実にこそ、ひとつの目新しさがある。

代表制の諸構造と自由主義的なガバナンス体制はどれも問いに付されている。また最終的には、議会代表制の理論と実践によってなされた、概念の大胆な飛躍（「全体意志」から「一般意志」への飛躍）が致命的な欠陥を抱えているということが示された。さらに〔全体意志から一般意志へと飛び移ろうとして〕墜落した曲芸師を捕らえる安全網《セーフティ・ネット》として持ち出された新たなガバナンスの形態すら、あまりにも脆弱でボロボロであることが明白になった。

現在の政体〔＝立憲体制〕を蘇生《そせい》させ、救済することに意味があると信じることは、いまや誰にとってもますます困難になりつつある。かつて、旧体制《アンシャン・レジーム》とは、髪粉付きのかつらをかぶった貴族たちによる支配体制にあたえられた名だった。しかしいまでは代表制の機械《マシーン》こそが旧体制になってしまっている！　共和政体〔＝共和政憲法〕はこれまで二〇〇年以上にわたって君臨してきたが、もう十分ではないだろうか。

なぜ構成的権力が必要なのか

政治的かつ構成的〔＝立憲的〕な議論を再開しなければならない。また今日求められているのは、内容に関する変化（私的なもの《ザ・プライベート》〔＝〈私〉〕と公的なもの《ザ・パブリック》〔＝〈公〉〕から共的なもの《ザ・コモン》〔＝〈共〉〕へ、というように）だけではない。より根本的に、形態に関する変化も求められているのである。では、どうすれば、人びとは〈共《コモン》〉のなかで緊密に連合し、民主的な意思決定に直接参加することができるのだろうか？　どうすれば、マルチチュードは民主主義を再発明し実現するような仕方で、〈共〉の諸制度の君主《プリンス》になることができるのだろうか？*　こうした方途を見出すことこそが、構成的プロセスに課されている任務である。

金融による負債が社会的紐帯に変容させられたとき、多数の特異性が生産的なネットワークのなかで相互に作用するとき、そして安全性《セキュリティ》に対する欲望が恐れから解放されたとき、これら三つの主体形象――負債を負わされた者、メディアに繋ぎとめられた者、セキュリティに縛りつけられた者――は反転し、そこから民主主義的な行動を可能にする主体性が出現し始める。工業化時代のブルジョア社会では、政治的行動に利用可能な回路は、主としてコーポラティズムと個人主義によるものだった。ポスト工業化時代の新自由主義社会では、政治的行動のために可能な回路はさらに乏しくなり、代表された者はたんに受動的で一般的な政治的役割しか果たすことができない。ブルジョア市民から代表された者への移行は、法の形式においては普遍化されたが、しだいに中身がなくなり空っぽになってしまった。

しかしいまや政治的主体性の新たな形象は、代表制に代わる新しい政治参加の形態をいくつも見出すことができる。これらの新しい形態は、コーポラティズムや個人主義といった区分からあふれ出した。同時にまた、そのことで一般的かつ抽象的だった政治的行動の形態に実質的な内容があたえられたのである。規則《ルール》〔＝支配〕を生みだすメカニズムは、〈共〉の様式と合致した特異な形態においてのみ構築することができる。今後、構成的権力は下から機能しなけ

＊　ここでの「君主」は、アントニオ・グラムシの「現代の君主」論をふまえたものと考えられる。グラムシはその『獄中ノート』で、新しい君主は個人的英雄ではなく、ひとつの集合的意志としての政党（共産党）であるという主旨の「現代の君主」論を展開しようと試みた。ネグリとハートはそれを大きく転換させるかたちで受け継ぎ、二一世紀のグローバル秩序にあたる〈帝国〉を転覆させ、民主主義を再発明する力を有しているのは、新たな君主としてのマルチチュードにほかならないという視点を提示している。

ればならない。そしてたえず下から更新されなければならないのだ。

　けれども、ときに私たちは、「なぜ君たちは、いまだに政体構成〔=憲法〕について語っているのか」、と友人たちから問われることがある。またさらに、「なぜ君たちは、あらゆる規範的な構造や制度から自由になることができないのか」と問われたりもする。だが、あらゆる革命は構成的〔=憲法制定〕権力を必要としているのである。構成的権力が必要なのは、革命を終わらせるためではなく、革命を継続し、革命の達成を保証し、革命をさらなる革新に向けて開きつづけるためなのだ[19]。

　構成的権力は、自由、平等、連帯という私たちの原理に従って社会的生産と社会的生活を組織するうえで不可欠のものなのである。構成的プロセスは、いくつもの政治的構造と制度をたえ間なく改正しながら、それらを抗争やニーズ、欲望によって織り上げられた社会的な組織と物質的な基盤に、より適合したものにする。

　より哲学的な言い方をするなら、構成的プロセスとは、主体性を生産する装置なのである。けれども友人たちはふたたびこう問いかけてくるだろう、「なぜ主体性は再生産されなければならないのか」「なぜ私たちはたんに自分自身でいることはできないのか」と。それに対する答えはこうだ——たとえ、表現されるべき原初的ないしは本源的な人間本性《ヒューマン・ネイチャー》〔=人間的自然〕があるとしても、それが、自由で、平等で、民主的な社会的・政治的諸関係を育成するものであると信じる理由がないからだ、と。政治的組織化はつねに主体性の生産を必要とするのである。私たちは、民主的な政治的行動をとることができ、また〈共〉を自主的に管理運営することのできるマルチチュードを創出しなければならないのだ。

「憤激する者たち」は、なぜ選挙を拒否したのか

この命題ないしは定理のひとつの側面を明確にするうえで、次の事例が役に立つだろう。二〇一一年の春に広場を占拠したスペインの「憤激する者たち《インディグナドス》」は、その年の秋の総選挙に参加することを拒み、強い批判を浴びせられた。彼らを誹謗《ひぼう》した者たちは、彼らのことを無力なアナーキストと呼び、国家の諸制度や選挙政治への参与を拒絶する彼らの姿勢をイデオロギー的でヒステリックであると罵倒した。「やつらは左翼を分裂させ、左翼から離脱したのだ！」、というわけである。もちろん「憤激する者たち」はアナーキストではなかったし、彼らには左翼をバラバラに分裂させた責任もない。それどころか「憤激する者たち」は、左翼を、これまでとは違う新しいものに改良し、再出発させるための、稀有《けう》な機会を創出したのである。

それよりも数年前、「憤激する者たち」の多くは、彼らを誹謗した者たちと同じ活動家《アクティヴィスト》だった。右翼の政治家が、マドリードのアトーチャ駅で起きた悲劇的な列車爆破事件を、「バスク祖国と自由」（ＥＴＡ）の闘士の仕業《しわざ》だと公言したとき、彼らは非凡な手腕で携帯電話や

その他のメディアを駆使して、即座に真実を広く一般に知らせたのである。彼らは携帯電話に「拡散してくれ《パサロ》」と書き込んだ。彼らの行動は効を奏し、驚くべきことに社会主義者とホセ・ルイス・ロドリゲス・サパテロを選挙の勝利へと導いた。

「憤激する者たち」が二〇一一年の選挙に参加しなかったのは、ひとつには、社会主義政党に報いることを拒絶したかったからである。なぜなら社会主義政党は、政権についていたあいだ、新自由主義的な政策をいくつも続行し、彼らの期待を裏切ったからだ。けれどもより重要な理由は、いまの「憤激する者たち」には、以前にも増して取り組むべきさまざまな闘いがあるということである。

それらのなかでもとりわけ重要なのは、代表制の構造と立憲的秩序そのものを標的とする闘いである。このスペインにおける闘争のルーツは、反ファシズム闘争の伝統にまで遡るものであり、フランコ独裁体制が倒壊したあとの、いわゆる民主主義体制への移行について、新たに批判的な光をあてるものだ。「憤激する者たち」は、この闘いを構成的なプロセスというよりはむしろ、脱構成的なプロセス、つまり既存の政治構造からの一種の脱出であると考えている。[20]しかしまた同時に、この闘いに不可欠なのは、新しい構成的権力のための基盤を準備することなのである。

第三章 〈共〉を構成する

諸原理の宣言

資本主義をめぐる二つの状況

これまでの章を通じて強調してきたように、新自由主義的な資本主義は、グローバル・ガバナンスの有効なルールを生みだし、維持し、保証することに失敗している。そのため、金融市場が経済と社会をたえず圧倒することのできる能力をもつようになり、貧しい人びとにさらに大きな損害をあたえている。

こうした事態に二つの特徴を付け加えることによって、現在の状況を明確に浮き彫りにすることができるだろう。ひとつ目の特徴とは——他のところで長く論じておいたことだが*——、今日の生産がローカルかつグローバルなレベルの両方において、〈共《コモン》〉の枠組みのなかで実現されているということである。労働力が〈共〉的なものになるにつれ、生〔の総体〕が働かされるようになり、資本主義的発展が金融化という形態をとるにつれ、〈共〉の搾取をその中心に含むようになる、というように。

そして二つ目の特徴とは、資本主義的発展が、自力では解決できない経済的・社会的・政治的な危機によって悩まされているということである。こうした危機の原因を少なくとも部分的に説明することは可能だ。すなわちそれは、生産諸力がますます〈共〉的なものとなっているにもかかわらず、生産と所有の諸関係は相変わらず個人主義的かつ私（企業）中心主義的なルールや規範によって規定されているせいであり、しかも、そうしたルールや規範は、新たな生産がもたらす現実性を把握することもできなければ、新たな価値を生みだす〈共〉的源泉に関してもその完全なる外部に位置するものでしかないからだ、と。

政治を跳び越える金融市場

いずれにしても、はっきりしているのは、現在と同様の強烈な危機に直面していた一九三〇年代のいくつかの政府とは対照的に、今日の支配権力が経済的かつ社会的な窮状の抱える深刻さに見合った政治的な解決策を講じることのできる能力をもちあわせていない、という事実である。かつてのジョン・メイナード・ケインズやフランクリン・D・ローズヴェルトにあたる人物はいまのシーンには一人も現れていないし、また彼らが提示した旧い処方箋にしても、当時主流であった工業生産に対しては一定の効力を発揮するものではあったが、今日のポスト工業化時代にはもはや適用不可能なものになっている。

＊ ネグリ、ハート『コモンウェルス（上・下）』のとくに第三部を参照のこと。

しかも、現在支配的な、市場にもとづく新自由主義的な政策枠組みには、危機に対処するための提案は何ら含まれていない。いや、むしろ私たちが必要としているのは、たんなる提案というよりは質的な飛躍であり、パラダイムの転換なのである。

現在支配的な政策枠組みと同じく支配権力も、危機に取り組むための構成的な改革を提起することができずにいる。これまで構成的〔＝立憲的〕な改革の近代史では、さまざまな調停手段が打ち立てられてきた。すなわち、自由主義的な政体の場合には重商主義的な交換関係を重視する媒介、厚生主義的〔＝福祉国家主義的〕な政体の場合には資本と労働の弁証法を重視する調停手段、といったかたちで。けれども、現代の経済の核心として存続している金融化のプロセスを重視する調停手段がいかなるものなのか、またそれをいかにして構築することができるかを思い描くのは困難だ。

今日、グローバル金融市場は、合法性と政治を自律的な仕方で生産するうえで抜きん出た地位を占めている。この事実を認識しないかぎり、国家主権はもちろんのこと、代表制や民主主義といったカテゴリーを再定義することは不可能なのである。金融の下す指令は、以前にも増して国民国家の行使する制度的な媒介手段を跳び越えるかたちで一種の恐喝を行うものとなっており、そのせいで雇用と給与ばかりではなく、基本的諸権利（住居から健康までを含む）の享受さえもが金融市場の動態と揺らぎに否応なく左右されるものとなっているのだ。

正当な権力の条件とは

とはいえ、このような状況のなかから、とくに二〇一一年に各所で実践された泊まり込み抗議運動のような数多くの政治的闘争が出現し、政治的構成に関して大きな今日的妥当性を有する新たな原理を前進させたのだった。それら数多くの闘争はそうした原理を新たな常識＝〈共〉的感覚《コモン・センス》に仕立て上げ、構成的行動のプロジェクトの基礎にあたるものとして指定したのである。

私たちは〈共〉《コモン》にもとづく構成的プロセスのみが真のオルタナティヴを提供することができると信じているので、以下の真理は自明のものであると考える――すなわちそれは、すべての人びとは平等であるということ、また彼ら彼女らは政治的闘争を通じて一定の不可譲の権利を獲得しているということ、そして、それらの権利には生命・自由・幸福の追求のみならず、〈共〉への自由なアクセス、富の分配における平等、〈共〉の持続可能性も含まれているということ、といった一連の真理のことである。

また同じく、それらの権利を保証するために民主的協治《ガバナンス》が設立されねばならず、その正当な権力は被統治者の参加と統治組織の透明性に由来するものにほかならないという点も明らかである。つまるところ、明白な真理として指摘することができるのは、いかなる統治形態であろうと、そうした目的を破壊するものとなってしまうなら、民衆はいつでもそれを変更ないしは廃絶して、新たな政府《ガバメント》=統治を設立する権利を有しているということ、そしてその新たな政府=統治は、先にあげた諸原理に基礎をおきながら、人びとの安全と幸福にもっとも強く作用するかたちで自己の権力を組織するということである。(21)

構成的闘争とは何か

旧体制（アンシァン・レジーム）との断絶

私たちは、〈共〉《コモン》の領域上で提示された、切迫した必要性を表すばかりではなく、新たな構成的プロセスのための道筋が書き込まれた地図を作成するような闘争を、構成的闘争とみなす。フランスとアメリカの建国の父のうちの何人か――とりわけニコラ・ド・コンドルセとトマス・ジェファソン――は、おのおのの世代は自らの憲法〔=政体〕を創出しなければならないと唱えた。そうした原理と合致するかたちで、私たちは今日、既存の立憲制度と、新たな常識《コモン・センス》=〈共〉的感覚が要求する民主的ニーズとを決定的に分かつような、ドラマティックな断絶が生じていることを把握しなければならない。

これまでの伝統が教えてくれるように、権力の濫用と簒奪《さんだつ》が、相も変わらず同じ対象を追い求めながら長くつづいた果てに、それらの権力抗争を平定して絶対的な専制を打ち立てようとするもくろみが明らかになったさいには、そのような政府＝統治を捨て去り、将来の安全を確保するために新たな保護手段を用意することが、私たちの権利にして義務である。このように、何よりもまず今日の闘争は、構成的な特徴というよりはむしろ脱構成的な特徴を呈しているのである。それらの闘争は、旧い憲法〔＝政体〕を消尽させることを通じて、私たち自身と社会のなかに残存している専制の効果を粉砕しなければならないのだ。

こうして新たな闘争は、いまや旧体制《アンシァン・レジーム》と呼ぶことのできるものと完全な非対称をなすことになる。フーコーが主張するように、権力とはつねにある主体が別の主体に働きかける行動であり、ゆえに権力とはつねに指令と〔それに対する〕抵抗のあいだの関係なのである。だが、さまざまな運動がそうした強度をもって展開されるとき、しばしばそれらの運動は、既存の権力関係を離れた別の側にすでに自らが位置していることを見出す。〔旧体制からの〕独立宣言は新たな構成的〔＝立憲的〕プロセスのための基盤を創出するのであり、別の言葉で言えば、今日の闘争は政治的抗争の偶発的な結果を表しているだけではなく、ひとつの出来事、すなわち〔既存の枠組みから〕あふれ出るような欲望と政治的提案を表しているのである。

新しい社会を思い描きながら闘争を繰り広げている、諸々の主体の心《ハーツ》と頭《ヘッズ》にある〈共〉的感覚《コモン・センス》は、新たな生の諸形態を生みだし、活性化し、調整するうえで規範となるような価値と、それを実現させうる力能を備えているのだ。それらの主体は、旧体制からの独立を宣言しつつ、自らを新たな存在論的条件のなかに根づかせ、より平等で〈共〉的かつ持続可能な関係性が成長しうるような状況を確立するのである。そのような構成的権力は闘争のなかに深く埋め込まれたものであり、それらの不可譲の権利の宣言は、歴史的運動が成熟へといたる進路を明示しているのだ。

無駄ではなかった「アラブの春」

たしかに、そうした構成的闘争が短期間のうちにうまくいかなくなることもある。しかし、だからといってそのプロセスが挫《くじ》かれてしまうわけではない。私たちはすでに、北アフリカで火がつき、中東とアラビア半島の諸国で燃え上がった、途方もなく力強い運動を目のあたりにしている。それらの運動のなかには、政府と財閥を打ち倒し、二〇一一年の春に速やかな成功を収めたものもある。そこで打倒された政府も財閥も、かつての植民地支配者に助けられ、また現在の専制権力と結託して人びとを支配してきた、腐敗したものだった。だが、闘争に参入したすべての国――反動勢力が運動の進路を阻《はば》んだ国もあれば、民主運動が当初勝利を収めた国もある――において、保守的エリート層がいろいろなやり方でふたたび政治的状況を掌握するようになってしまった。

するとこれは、構成的闘争が無駄であったということを意味するのだろうか？　むろん、そんなことはない。自由と平等の不可譲の権利がその春に確言されたことはたしかであり、それらの原理を十全に実現するにはより多くの時間がかかるということなのだ。しかも、それらの原理は北アフリカからスペインやギリシャ、アメリカ合衆国やその他の場所へと、旅するように受け継がれていったのである。さまざまな闘争は蜂起という仕方で新たな権利を表明したのであり、新たな構成的権力を現出させたのである。

いまは潜伏しているとはいえ、それらの構成的権力は既存の権力に対する圧力を保持しつづけており、無知・支配・服従・恐れの覆《おお》いをすでにはぎ取っている。毎年、自然界に春がめぐってくるように、これからは政治の春がめぐってくることになるだろう。

闘争原理①　自律的な時間

時間の流れを自己管理する

「アラブの春」が長期的かつ拡張的な時間性を有しているという私たちの主張は、それらの闘争が蜂起によって始まり一気に加速したと受け止められたのに対し、それとは異なる時間についての考え方を、こっそりと導入するものであるかのように思われるかもしれない。二〇一一年に試みられたすべての泊まり込み抗議運動の特徴である、開かれた水平的な集会における意思決定も、多くの場合、きわめて時間のかかる緩慢《スロー》なプロセスのなかでなされている。では、こうした制度化のプロセスに含まれている緩慢な時間と長期持続《ロング・デュレ》は、ずっと昔にアレクシ・ド・トクヴィルが示唆したように、蜂起の出来事に勝るものとして特権的に扱われるべきなのだろうか？

否、私たちはそう考えない。それらの闘争がはらむ興味深くて新しい事柄とは、その緩慢さや迅速さではなく、自己の時間を管理運営する政治的な自律性にほかならないのである。これは、二一世紀最初に繰り広げられたオルター・グローバリゼーション運動が、サミットの会合のスケジュールに従うかたちで刻んでいた、厳格で人を消耗させるリズムとは非常に大きく異なる点だ。二〇一一年の闘争のサイクルにおいては、そうしたかつての硬直したリズムの代わりに、速度や緩慢さ、深い強度や表面的な加速性が組み合わされ、混ぜ合わされている。あらゆる瞬間において時間は、外からの圧力や選挙の時期が課すスケジュールから引き離され、それ自身の暦《カレンダー》と展開のリズムを確立することになるのである。

自律的な時間性というこの概念は、それらの運動がオルタナティヴを提示するものであるという、私たちの主張にこめられている意味を明らかにするのに役立つ。オルタナティヴとは、権力のプログラムとたんに対立するだけの行動・提案・言説のことではない。むしろそれは、権力のプログラムとは根底的に非対称をなす立脚点にもとづく、新しい装置のことなのだ。その立脚点は権力のプログラムと同じ空間を共有しているときですら、それとは別の場所にある。そしてその立脚点が有する自律性を通じて、諸々の主体性・闘争・構成的原理の生産が首尾一貫したものとなるばかりではなく、その時間性も整然としたリズムを刻むようになるのだ。

構成的な行動が有する時間性は、その他の要因との関連においても、休止状態と急速な進展とのあいだを揺れ動くものとして規定されることになる。おそらく、この点できわめて重要なのは、それぞれの構成的な行動がどのようにして互いに感染し、伝染するかを見きわめることである。たとえば、チュニジアとエジプトにおけるように、独裁権力に対峙して自由を要求することは、富の平等な分配という理念を導入し、普及させることでもある。またスペインにおけるように、旧来の代表制の構造に抗して民主主義への欲望を提示することは、政治参加と透明性に対する欲求を掲げることでもある。そして合衆国やその他の場所におけるように、金融によるコントロールが生みだした不平等に抗議することは、〈共〉《コモン》への自由なアクセスの民主的な組織化を要求することにも繋がる、というように。

時間をかけた意思決定

ここでの私たちの主要な関心は、各々の政治的かつ構成的な主張がいかなる論理的帰結をもたらしたかをたどることにはなく、それらの構成的な事例が拡散し、伝染することで、それぞれに異なる革命の契機となりながら、さまざまな運動が創出されていくプロセスの総体を記述すること、または読者にそれを感じ取ってもらうことにある。それぞれの運動のなかで時間性が迅速なものになったり、緩慢なものになったりするのは、ウイルスが感染するように交わされる、諸々の観念と欲望のコミュニケーションの強度の違いによる。各事例において、自律的な時間は特異な仕方で綜合《そうごう》されるのだ。

構成的な運動の有する緩慢《スロー》な時間性――それを典型的に表しているのは、さまざまな集会での討議だ――によって、知識や専門的技能を（コントロールすることに加えて）普及させ表明させることが可能になり、また、それらの普及と表明が強く求められるようになる。カール・シュミット流の「政治的なものの自律性」がかつて存在したとしても、ここにそんなものが見つからないのはたしかだ。泊まり込んで抗議をつづける人びとは、交渉を重ねて知識と意志を複合的に構築することを通じて構成的な仕方で決定を形づくるのだが、それには時間がかかる。単独の指導者《リーダー》や中央委員会が決定を下すわけではけっしてない。

多くの場合、意思決定の手続きがゆっくりと時間をかけて複合的に進められていくことで、知識や専門的技能の普及をその土台とするような新たな構成的運動と、旧来のものとのあいだの人間学的（ないしは存在論的）な差異が際立ってくる。スペインの憤激する者たち《インディグナドス》とウォール・ストリートの占拠者《オキュパイアーズ》たちは、こうした複合性を表す力強い実例であり、彼ら彼女らはその言説と行動において、現行の政治的生活形態（代表制や選挙方法など）に対する批判と社会的不平等に反対する抗議活動、そして金融による支配への攻撃とを組み合わせているのである。

情動を生産する

そして最後に指摘しておきたいのは、それらの構成的プロセスに含まれているオルタナティヴな時間性が、知識の創出と普及を促進するばかりではなく、政治的情動の教育を育成するものでもある、という点だ。タハリール広場、〔イスラエルの中心都市テルアビブのメインストリートである〕ロスチャイルド大通り、占拠されたウィスコンシン州議会議事堂、〔ギリシャの首都アテネの中心部にある〕シンタグマ広場――これらすべての現場が強烈な情動によって特徴づけられたものであることは明らかだ。そこでは情動が表出されているのである。

だが、より重要なのは、〔たんなる表出ではなく〕情動の生産と実習訓練《トレーニング》がそこでは行われているということだ。プロの政治家にとって、いやそれどころか実際に泊まり込んで時を過ごしたことのない人びとにとって、それらの構成的な経験がどれほどまで情動の流れ《フロー》とおおいなる喜びによって活気づけられ、満たされたものであったかを理解するのは、不可能ではないにしても、困難なことであるにちがいない。

もちろん、互いの身体が近接していたために情動の〈共《コモン》〉的な育成が容易になったという面はあるけれども、さらに本質的な事柄としてあげられるのは、協働がもたらす強烈な経験や、〔警察などの〕攻撃にさらされやすい極端な状況で互いに身の安全を確保し合うこと、そして集団的な討議と意思決定のプロセスである。泊まり込み抗議運動は、社会的かつ民主的な情動を生産する、おおいなる工場なのだ。

闘争原理② 対抗権力

地球環境危機という領域

構成的作業はゆっくりと時間をかけて徹底的に行われる——つまりそれは、自身の時計に合わせて進行するわけである。けれども、いつまでも待ってはくれない、切迫した争点も現に存在する。人びとがいま苦しんでいるのに、構成的プロセスがどれほど美しく立派なものだといっても、それがなんだというのか？　完璧な民主社会を作り上げたときには、もうすでに地球環境が取り返しのつかないまでに悪化していたとすればどうなのか？

それゆえ構成的プロセスは、社会と環境に関する差し迫った必要と危険が存在する領域では即座に行動を起こすような、一連の対抗権力をともなうものでなければならない。構成的行動が有する、こうした〔時間をかけた構成的作業と対抗権力の即時の行動という〕二重の関係性は、かつて一三世紀に、イギリスの法システムが創設されたさいに打ち立てられた関係性と類似している。ピーター・ラインバウ*が主張するように、このとき宣言されたマグナ・カルタが森林憲章をともなっていたということは、これまで歴史家たちが考えてきた以上に大きな注目に値する事実なのである。(22)

というのも、マグナ・カルタは主権者に対して市民の権利を明示するものであるが、森林憲章は市民が〈共〉へアクセスする権利を確立するものだからだ。当時、森林へのアクセスは、燃料と食糧を含めた生活必需品に対する権利を意味していた。今日の構成的プロセスは、かつての森林憲章と同じく、生の権利を保証し、安全かつ健康な尊厳ある生存様式のための必需品を提供することのできる、一連の行動をともなわなければならないのだ。

このように対抗権力を必要とするひとつの領域として、環境が直面している危険をあげることができる。植物種と動物種の退化と破壊や、大地と海洋の汚染は弱まることなくつづいてい

---

* イギリス史・アイルランド史・植民地時代の大西洋史や労働史などを専攻する、アメリカの歴史学者。

るし、気候変動に関して科学者たちが予言している「ひき返すことができなくなる時点《ポイント・オブ・ノー・リターン》」の日付もいよいよ迫っている。にもかかわらず、現在も二酸化炭素排出量は上昇しつづけており、しかも恥ずべきことに、権力をにぎっている者たちは、気候の変化を予防するための戦略からその変化に適応するための戦略へと議論の軸を移そうとしている。石油流出、放射能漏れ、タールサンド処理による水質汚染というように、破局的事態《カタストロフィ》の原因となりうるものは次々と列挙していくことができる。

だが、それらを防ぐ方法は経済危機の文脈のなかでひたすら弱体化させられてしまっている――まるで地球の安寧《あんねい》は、人間とその他の存在にとって真に必要なものであるというよりは、好況時にのみ任意に選択することのできる関心事であるかのように。巨大企業がこれまで繰り返してきた環境破壊行為を自らやめることもできなければ、そのつもりもないということは何ら驚くに値しないだろう。けれども、各国の政府と超国家的制度もまた企業と同じく、地球規模の大問題に取り組む能力を有してはいない――それらは協定の実施どころか、その締結にすらいたっていないのだ。人類はこの地球という惑星と、自らの生命にとって必要な条件とを破壊するのをやめる能力を、完全に欠いてしまっているかのようにみえる。

生活と環境を守るために

対抗権力を必要とするもうひとつの領域――これは環境に対する気遣いと密接に関連したものである――においては、食・健康・住に関する人間の必需品が重視される。またこれらの必需品には〈共〉《コモン》へのアクセスをとおして部分的に対処することができる。これらのうち住居は、世界中の人びとにとって差し迫って必要なものである。従属的な地位にある国々では、住居の不足や住居が標準以下であるといった問題に取り組む運動を通じて、未使用の土地や建築物を占拠した人びとに、そこにとどまる正規の権利を獲得させることがしばしば試みられている。

一方、世界の支配的地域では、経済危機のせいで、持ち家の住宅ローンや家賃を支払えない人びとに対する差し押さえが急増している。住居からのこうした追い立てに反対するキャンペーンには、家のない人びとに適切な住居を見つけるためのプロジェクトが必須だろう。同じく、健康的な食糧と水へのアクセスは世界の最貧地域において喫緊の要事である。これはまた、最富裕地域においても現実的で差し迫った事柄である。水のような天然資源の私物化に抗する闘いはきわめて重要なものである。

さらに環境と社会に関する危機は、生命と景観を破壊しつつ、地球全域でつづいている無数の戦争のせいで、ことごとく悪化している。すでに私たちは、高強度から低強度へ、またその逆へとたえずシフトしつづけているような、終わりなき戦争状態の支配する歴史段階に入っているようにみえる。私たちがそのもとで生きているグローバルな安全保障《セキュリティ》体制は、平和状態を打ち立てることができずにいる。

というよりも、むしろその体制は戦争状態を恒常的なものにしているのであり、それに付随して人びとの権利が一時的に停止され、監視が高まり、すべての人びとが戦争遂行に協力するよう求められることになった。いったい誰が、さまざまな戦争と戦争状態を終わらせようとする意志を有しているというのだろうか？　支配的な国民国家――とりわけアメリカ合衆国――がそんな意志をもたないことは確実である。いまこの時点で、「すべての戦争を終わらせるための戦争」という古めかしい計略を信じている者など誰もいない。戦争にできるのは戦争の数をさらに増やすことでしかない。だがその一方で、平和を夢見て誕生した国際連合のような超国家的制度さえもが、戦争に終止符を打つ力を何ら有していないありさまである。

対抗権力はどこで力を手に入れるのか

いかなる種類の対抗権力が、人類・動物界・植物界、そしてこの惑星じたいの持続的な繁栄を保証することができるのだろうか？　このような取り組みにおいて絶対的に欠くことのできない作業として、今日、非常に多くの人びとが実行しているのは、国内的および国際的なシステムに属する法的手段を一種の対抗権力として用いるということだ。環境汚染企業に対する集団訴訟や、戦争・拷問・警察の虐待に抗する人権の要求、そして亡命者・移民・被収容者のための弁護――これらの行動は、主権権力に抗して法的システムのさまざまな要素を活用しつつ、王権のように強大な権力に抗して裁判官〔=判事〕の権力を利用するものである。

しかしながら、そうした対抗権力の作用は、いかにそれが不可欠の重要性を有しているとしても、請願の相手である主権権力――それが国民国家であれ、国際システムであれ――によってつねに限定され、封じ込められてしまうことになる。おまけに、国民国家と国際機関の有する主権権力が徐々に侵食されつつある今日、その力はますます制限されていくばかりである。

対抗権力を構築するために生政治に必要なのは、国内法と国際法が提供する頼みの綱としての手段を超えて、自由に使用することのできる強制力を備えた武器にほかならない。民主的な対抗権力は、企業と国民国家に対して、〈共《コモン》〉へのアクセスを開かれたものにするとともに、すべての人びとが基本的ニーズを満たすことができるかたちで富を公平に分配するように強制できなければならず、そしてまた、社会システムと環境システムおよびこの惑星全体とそこに暮らす人びとに対してなされた破壊を停止し、損害を償うように強制できなければならない。

どうすれば、そうした民主的な対抗権力を構築することができ、またそれらの対抗権力はどこでその力を手に入れることができるのだろうか？　この出来事がどのようにして生じるかは、私たちにも明らかではない。けれども、明白なのは、人類と地球が切迫したニーズを抱えているということであり、しかも既存の権力すべてがそうしたニーズを満たす能力をもたないということである。

これらすべてのことは、今日、闘争に携わっている人びとの主たる関心事である。さらに、泊まり込み抗議運動の経験をくぐり抜けたことのある人びとはみな、それらの問題に確実に取り組んだのである。また同時に彼ら彼女らは、そうした地球規模の関心事に加えて、もっとローカルで、おそらくは日常的な別の関心事も抱えていた。警察と秩序の力が攻撃を仕掛けてきて、彼ら彼女らを追い払おうとしているときに、対抗権力とはいったい何を意味し、またその場合、どのような力を行使することが適切なのだろうか？　こうした問いに対しても私たちは満足のいく答えを持ち合わせてはいない。ただ、忍耐強く進められる構成的プロセスは、即座に行動することのできる対抗権力によって補完されなければならないという確信を抱いているだけである。

闘争原理③　コミュニケーション

ネットワークを解放する

二〇一一年五月にスペインで起こった、憤激する者たち《インディグナドス》による泊まり込み抗議運動は、それに先立つさまざまな抵抗によって地均《じなら》しされたものだった。そのうちのひとつは、当時の社会主義政府が提出した法案（シンデ法）に反対を表明する、抵抗運動だった。シンデ法には、ソーシャル・ネットワークを規制し、私有化してしまうおそれがあるばかりか、ユーザーを犯罪者として扱うおそれもあったのである。この法案に反対して、おびただしい数の〔＝マルチチュードの〕出会いが生まれ、「人びとの群がる《スウォーミング》」蜂起が生じたのである。

そもそもの始まりからして、その闘争の目的――ネットワークを自由にすること――は、闘争のための道具を提供するものでもあったわけだ。じっさい、自由になったネットワークは、スペインの泊まり込み抗議運動を組織するさいに用いられた主要なツールであった（このことは、スペインに先駆けて発生した地中海南岸諸国の闘争においても同様だったし、スペインのあとで発生したイギリスの暴動とアメリカのオキュパイ運動においても同様だった）。

とくにこの場合、一方での闘争の構築と循環《サーキュレイション》＝流通、他方での構成的権力の表明、これら両方をつねに保持しなければならないのである。こうした攪乱《かくらん》的〔＝転覆的〕な闘争においては、闘争の即時的〔＝直接的〕な主題《テーマ》と手段が混ざり合うのだ。このようにして〈共《コモン》〉の構成的権力は、新しいメディア（セルラー・テクノロジーやツイッター、フェイスブック、またより一般的にはインターネット）を、マルチチュードによる民主的な協治《ガバナンス》の実験のための媒体として取り入れながら、構成的権力のさまざまなテーマと分かちがたく結びつくことになる。

知識による生産と抵抗

今日、コミュニケーションをめぐる争点は、知識をめぐる争点とかつてなかったほど直接的に結びついている。私たちの生きている社会では、資本の働きは知識の生産と表現を搾取することをますますその基盤とするようになっているのである。こうした「認知資本主義」の社会においては、資本主義による管理とそれに対する生きた労働の抵抗の両面で、知識が社会的諸関係の核心をこれまで以上に構成するものとなる。してみれば、現在の闘争のサイクルを推進している、活動家《アクティヴィスト》の大部分が、学生・知的労働者・都市部のサービス職に従事する労働者――認知的プレカリアート〔＝不安定労働者〕と呼ばれることもある人びと――であることは偶然の一致ではないだろう。彼ら彼女らは、コミュニケーション活動、知的労働、そして学習のために必要な努力を自ら体現し、それらを互いに媒介しているのである。

このことは、スペイン・ギリシャ・イスラエル・合衆国における叛乱者たちと同じくチュニジアとエジプトにおける叛乱者たちにとっても、また貧困や金融による搾取に焦点をあてて抗議する人びとと同じく自由への要求を掲げることを主な特徴とする人びとにとっても、等しく共有することのできるひとつの堅固な基盤にほかならない。そうした闘争の増殖と、それらが有するパフォーマティヴな特徴は、労働力の新たな性質をその基礎としているのだ。認知労働が中心的なヘゲモニーをもつようになるにつれて、認知労働はそれらの闘争形態に浸透し、そこで具体化される。またそれにともない、運動が抗議活動から構成的プロセスへと移行していくなかで、権力の公共性と透明性が中心的な重要性を帯びることになる。

権力に透明性を求める

認知労働者がもつ、知識に対する好奇心や活力、欲望を規律化したり抑制したりしようとするいかなる努力も、彼ら彼女らの生産性を縮減してしまうことに繋がる。認知労働者のそうした特性は今日の経済的生産にとって不可欠のものなのだ。

だが同時にそうした特性によって、権力の行使と代表制の正統性に関する新たな矛盾が明らかになる。じっさい、人が知識を求める好奇心や活力、欲望をもつならば、権力の不透明性と秘密主義が破壊されることを要求するだろう。「政治家《ステーツマン》〔＝国家のために働く人〕」という形象じたいが攻撃を受けており、侮蔑的に扱われるようになっているのだ。専門的な知識や技能がとるいかなる形態も、政治的行動の多元化が広範に進むという文脈のなかでは、組織化し直されなければならない――つまり、あらゆる権力の超越性が破壊されなければならないのと同じように、あらゆる知識の超越性も破壊されなければならないのである。

この点に関して、いまや巨大なタブーが破壊されつつあると言えるだろう。何世紀にもわたって指導者たちは、民主主義と国家理性は手を携えて進む、と言い張ってきた。現在ではその代わりに、真の民主主義の到来は国家理性の完全な破壊を意味する、と言わなければならない。ウィキリークスとそれを支える匿名のネットワークは、その非常に明確な一例である。もし国家に情報公開《グラスノスチ》のプロセスを開始し、機密保管庫を開いて、自らが実施してきた戦略や作戦をありのままに示す意欲がないのなら、それら匿名の闘士たちが速やかに手助けをしてくれるだろう。そのさい重視されるのは、たんに権力濫用の最悪のケースを暴露することではなく、政府《ガバメント》＝統治の通常の機能において透明性を強く要求することなのである。

闘争原理④ マイノリティの保護と表明

差異を包含する仕組み

諸々のマイノリティ（少数派）を保護することは、立憲政体に関わる古典的な難問であり、いかなる多数決原理の図式も、これに対処できるものでなければならない。支配権をもつマジョリティ（多数派）による諸々のマイノリティ（少数派）の抑圧は、どうすれば防ぐことができるのだろうか？　この問いに対して共和主義者が示した古典的な解決策は、代表者たちに意思決定の権力をあたえることにより、一定のケースにおいて多数決原理を撤回するというものであった。

たとえばジェイムズ・マディソンは『ザ・フェデラリスト』第一〇篇で、この主題を法的に議論するための基準を示した。すなわちマディソンにとって、マジョリティに抗して諸々のマイノリティを保護することは、「直接民主政《ピュア・デモクラシー》」＊に反対し、〔共和政における〕代表者たちの支配に賛成するうえで、きわめて重要な論拠となったのである。

しかしながら、最近のさまざまな運動が私たちに示してくれたのは、諸々のマイノリティを保護することは多数決原理の撤回を必要としないし、マイノリティたちをマジョリティから切り離して個々のアイデンティティ集団のなかに閉じ込めてしまうことを含意するわけでもない、ということなのである。そうではなくて、意思決定プロセスに参加する諸々の特異性が織りなす関係性は、さまざまな差異を包含し、表明するための仕組みを提供するのである。

マディソンのマイノリティ観

もちろん、どのマイノリティをどんな場合に保護するかを決定するためには、倫理的かつ政治的な選択が必要となる。すべてのマイノリティが、あらゆる場合にマジョリティの決定から守られるに値するというわけではない。じっさい、ほとんどの場合、マイノリティは票数で負

＊「第一〇篇　派閥の弊害と連邦制による匡正」斎藤眞・中野勝郎訳、『ザ・フェデラリスト』岩波文庫、一九九九年、六〇頁。

かされるにちがいない。さもないと、多数決原理は無意味になってしまうだろう。

マディソンは、保護しても差し支えないマイノリティに関して、二つの主要な例をあげているが、両者の違いを見ればこの問題の要点が明確になるだろう。彼によれば、諸々のマイノリティの宗教的実践にまつわる自由は、マジョリティの宗教による支配や強制に抗して擁護されなければならない。私たちもたしかにこの点については同意する。けれども、マディソンは同じく『ザ・フェデラリスト』第一〇篇で、貧しいマジョリティに抗して富裕なマイノリティを保護するための論陣を張ってもいる。財産保有者や債権者からなるマイノリティは、もし保護されないなら、経済的争点に関する投票で、財産をもたない人びとや借金を負わされた人びとからなるマジョリティに数で負けることになる、というのがマディソンの推論である。そのため彼は、マジョリティが「紙幣増発・債務廃棄・財産均分化への激しい要求や、その他の不当でよこしまな企て」〔同前、六五頁〕に打って出ることを恐れているのだ。

マジョリティが下すそうした決定に抗してマイノリティを保護するために、その「良識ある見解と高潔な精神」がマジョリティのそれに勝る「代表者たちに置き換えること」を、マディソンは提唱するのである〔同前、六四頁〕。そのような代表者としての政治家は、ルソーの用語で言えば、全体意志に抗する一般意志の体現者とみなされることになる。

富裕な財産保有者や債権者が、万人の享受する基本的保護を超えた特別な保護を必要としたり、それに値したりするわけではないということは明白である。すでに彼らが所有している富じたいが、マジョリティを凌駕《りょうが》する巨大で不釣り合いな権力を彼らに授けているのだ。なぜ一%が、経済政策や社会政策をめぐる公的な意思決定において、九九%の意志に反して守られなければならないのか？　じっさい、マディソンの議論が宗教的マイノリティと、富裕な財産保有者や債権者からなるマイノリティを同じレベルにおいているのは、奇妙なことというほかない。

マジョリティとマイノリティを結びつける仕組み

では、どうすれば私たちは、マディソンが示唆するような「良識ある」「高潔な」代表者たちに意思決定の力を譲りわたすことなく、権力のない諸々のマイノリティの権利に対する寛容を保証することができるのだろうか？　何よりもまず認識しておかなければならないのは、今日の社会運動が多数決原理の新たな実践をとおした実験を行っており、その結果、寛容についての新たな考え方が生まれている、という点だ。

たとえば、この間《かん》さまざまな運動は、パフォーマティヴな実践を練り上げることでマジョリティの意志を表明してきた。それぞれに異なる特徴をもった、占拠や泊まり込み抗議運動のなかで開かれる集会では、一〇〇人から五〇〇〇人までの人びとがともに議論を交わすのだが、発言者の意見に賛成するときには聞き手が黙って手をあげて指をひらひらさせ、反対のときには黙って手を下ろして指を揺らす光景が見受けられる。またツイッターもさまざまな集会で用いられるが、それはマジョリティの感情をダイナミックなかたちで表現するためである。私たちも、そうした実験や新規に考案された表現技術が重要なものであると考える。しかし、そのことは私たちにとって本質的な論点ではない。

それよりも重要なのは、運動の組織様式、とりわけ運動がさまざまな差異を包含する仕方なのである。水平的で民主的な集会は、全員一致を期待したり、追求したりはしない。そうではなくて、それらの集会は、さまざまな抗争や矛盾に対して開かれた多元的なプロセスによって構成されるのだ。マジョリティの下す決定は、それぞれのマイノリティの差異をふまえた包含のプロセスを通じて、もっと正確に言えば、諸々の差異の凝集を通じて前へ進むのである。言いかえるなら、集会の働きは、互いに異なる見解と欲望を結びつけ、それらが偶発的な仕方で互いにフィットし合うような方法を見つけ出すことにある。

それゆえマジョリティは、均質な単一集団《ユニット》にも、同意にもとづく集団にもなることはなく、諸々の差異を連結したものとなる。そしてまた諸々のマイノリティの保護は、分離することによってではなく、プロセスに参加する力をあたえることによってなされる。マジョリティと諸々のマイノリティがこうした布置をとるようになるおかげで、代表者たちの見識に依拠した一般意志を置き去りにして、全体意志（＝全員の意志）に従い、民主的に政治を創り出すことが可能になるのだ。

このようにダイナミックで、その内部に多数多様性を抱えた諸々のマジョリティは、寛容についての慣習的な考え方を変革する働きもする。これまで多くの場合、寛容といっても、それは諸々のマイノリティを社会的に分離して、それらの差異に目を塞《ふさ》ぐということを含意していた——ある男性がゲイ（男性同性愛者）ではないというふりをすることによって、その人のホモセクシュアリティ（同性愛）に寛容でいられる、というように。あるいはまた、その人が支配的な社会から分離された状態で、似た者同士で生きることを許容することが寛容さの証《あかし》である、というように。

しかしながら、マジョリティのルールは、諸々のマイノリティが無関心な（＝差異に目を塞いだ）態度で保護されたり、あるいは例外として社会的に分離された状態で保護されたりすることを求めてはいない。そうではなくて、すべての人に対して、その人が異なる存在として参加し、他者たちと一緒に活動的に働く力をあたえなければならない。これが寛容ということだ。こうした寛容をとおしてこそ、支配的な力を有するマジョリティがその内部に抱えている多数多様性が、本質的な仕方で示されるのである。

闘争原理⑤　政治の多元的存在論

何が闘争を結びつけているのか

私たちがここで扱っている二〇一一年の諸闘争は、それぞれが互いに遠く離れた現場で起こったものであり、その闘いの主たる担い手たちも非常に異なる生活形態を有していた。独裁者を打ち倒し、自由な投票と公正な選挙への権利を要求する闘争もあれば、代表制の政治システムを批判し、拒絶するものもあった。あるいは、社会的かつ経済的な不平等と不正義を糾弾する闘争もあれば、所有財産を破壊し、略奪するものもあった。そしてまた、既成の労働組合を支持し、またその支持を受ける闘争もあれば、伝統的な組合によって代表されることの少ない、不安定労働者の問題や非物質的な生産形態に集中的に取り組むものもあった、等々。

では、どうして私たちは、それらの闘争が同じサイクルの一部をなしているとみなすべきなのだろうか？

それらの闘争が同じ敵と向き合っているということはまぎれもない事実である。その敵を特徴づけるものは、借金を負わせる権力、メディア、セキュリティ体制、そして政治的代表の腐敗したシステムの四つだ。とはいえ、この場合の主要なポイントは、それらの闘争の実践や戦略、目標が互いに異なるものであるとはいえ、それらが互いに結合および合体して、多元的に共有されたプロジェクトを形成することができる、ということなのである。おのおのの闘争の特異性は、〈共《コモン》〉的な土壌の創出を妨げるものではなく、むしろ促すものなのだ。

意思決定システムをどう作るか

先に説明したように、それらの運動はコミュニケーションの共同実験室《ラボラトリー》のような場で生まれたのであった。じっさい、それらの闘争をひとつに繋ぐ接着剤にあたるものは、そもそも言語的かつ協働的な特徴を有し、ネットワークを基盤とするもの〔認知労働の多くの形態がそうであるように〕であると思える。また私たちは、そうした協働がさまざまな運動のなかで構築され、それらの運動を結ぶ〈共〉的な言語が自律的な時間性に従って広く普及していくことに注目した。そうした自律的な時間性は、たいていは非常に緩慢《スロー》なものなのだが、自主的に管理・制限・運営を行うことによって成り立っている。マルチチュードの水平的な意思決定プロセスには、自律的な時間性がぜひとも必要とされるのである。

さまざまなスローガンや戦闘的な〔＝闘士たちの〕欲望のあいだのコミュニケーションは、たいていの場合、小さな共同体や近隣集団のなかからゆっくりと始まるが、一定のポイントに達するとウイルスのように拡散するようになる。テルアビブの大通りでキャンプしていたイスラエルの憤激する者《インディグナドス》たちのなかには、キブツ*の精神と政治形態を、共同体内の多様な関係をふまえて刷新することを自らの役割と自覚する者もいた。またスペインの憤激する者たちは、反ファシストの伝統を活かして、泊まり込み抗議運動のテントやワーキング・グループのなかで政治的プログラムの基本要素を発展させながら、どのようにして構成的言説が総会**や意思決定システムの形成へと立ち上がっていくのか、その過程を実地に示してみせた。その過程は下から発する。言いかえれば、都市の近隣地域での情動やニーズ、アイディアに関するシンプルかつローカルなコミュニケーションから発するのである。

このようにしてそれらの運動は、連邦主義のモデルのなかに自らの支えや発想《インスピレーション》の源を見出していった。それにともない、小さな集団や共同体は、それぞれの差異を破棄するのではなく、むしろ表明することによって、互いに結びつき、〈共〉的なプロジェクトを創出するための道筋を見つけたのである。このように連邦主義は〔さまざまな特異な差異の〕合成を推進するモーターなのだ。また、この場合の連邦主義には、国家と連邦政府の主権に関する要素はすでにほとんど残されておらず、アソシエーション〔＝ネットワーク的連合〕という連邦主義的論理に裏打ちされた熱情《パッション》〔＝情念〕と知性が微視的《マイクロ》なレベルで存在しているのである。

じっさい、それらの運動を押しつぶすために配備された武器の多くは、こうした連邦主義的論理の結びつきをバラバラに解体することをもくろんでいた。アラブ諸国では多くの場合、宗教的な過激主義が運動を分裂させるのに役立ったし、イギリスでは、都市叛乱の参加者たちを分断するために、人種差別とも結びついた報復的な弾圧が執拗《しつよう》に行われた。また北米や、スペインとその他のヨーロッパの地域では、非暴力の抗議者たちを無理矢理にでも暴力へと駆り立てようとして警察の挑発行為が繰り返されたが、その目的は抗議者たちのあいだに亀裂を入れることだった。

主体性はいかに生じるのか

とはいえ、先述したような仕方で政治は、さまざまな運動において多元的存在論を身につけつつある。異なった伝統から現れ出て、異なった目標を表明する諸々の運動が織りなす多元論は、協働的かつ連邦的な集会の論理と結びつき、構成的な民主主義のモデルを創り出している。しかも、そのモデルにおいては、それらの運動のあいだの差異が互いに結合し、作用し合いながら、さまざまの特異な差異を合成した組織体を形成し、またそれを共有しているのである。

---

* もともとはヘブライ語で「集合・集団」を意味する語で、伝統的に農業をベースとしてきたイスラエルの集産主義的共同体を指す。

** 原語は general assembly。オキュパイ運動のなかで水平的に組織された、いくつもの小規模な「集会 assembly」が合流して、ときに何千人という規模で開かれる「総会」を指す。集会《アッセンブリー》とは、人びとの対面的な集まりを意味し、そこでは共通の欲望にもとづいた活発な議論が交わされる。

このように、これまで私たちはさまざまな運動――グローバル資本に反対するものや、金融独裁に反対するもの、また地球を破壊する生権力〔生の隅々にまで介入し、管理する権力〕に反対するもの、そしてその逆に〈共《コモン》〉への開かれた共有アクセスと〈共〉の自主的な管理運営とに賛成するもの――が織りなす多元論について見てきた。

次に進むべきステップは、それら新たな関係性を具体的に実行に移し、それらの構築に参加することであろう。これまでの時点で私たちが取り組んできたのは、政治と多元性に関する分析である。だがいまや私たちは、存在論的マシーンについて探究しなければならない。そして、その探究を遂行するさいに必要なのは、唯一、それらの運動をとおしていかに主体性が生みだされるのか、その生産現場に立ち入ることだけである。

議論し、学び、教え、学習と研究を進め、コミュニケーションを交わし、行動に参加すること――このようなアクティヴィズムの形態をとおして、主体性生産の中軸が構成されるのだ。政治の多元的存在論は、戦闘的な主体性たちが出会い、互いにそれぞれの特異性を合成することを通じて始動するのである。

闘争原理⑥　いかに決定するか

他者とともに決める

マルチチュードとそのさまざまな運動における意思決定の系譜をたどることはきわめて難しい。じつのところ、この意思決定のプロセスを形づくってきた条件と実践の多くは目立たないものなのだ。にもかかわらず、二〇一一年のさまざまな運動で示された特異な振る舞いの数々をとおして実現された条件のうちのいくつかを分析することによって、この意思決定のプロセスの本質を把握することが可能になるだろう。

それらの運動による最初の決定が、抵抗と叛逆であるということは事実だ。ただし、そこで中心をなすのは、アクティヴィストたちがともに行動するための、〈共〉《コモン》的な土壌の構築を先取りし、促進するような決定――アジテーション活動やデモ、泊まり込み抗議運動、等々――なのである。こうした〈共〉的な土壌の構築こそが、運動を支えるすべての集団的想像力の基盤をなすのである。

このプロセスにとっての条件は、たんに他者たちと「ともに存在する」ことだけでなく、他者たちと「ともに行う」ことでもあり、こうした実践を通じて、決定を行うための方法が浸透し、人びとはそこから学ぶのである。借金を負わされた者が自分の負債を支払わないとひとたび決定すれば、また別の決定が行われなければならなくなる。同様に、メディアに繋ぎとめられた者がメディアのコントロールとメディアの嘘から逃れようとひとたび決定すれば、またセキュリティに縛りつけられた者が自ら見えない存在となり、恐れを抱かない方法を学ぼうとひとたび決定すれば、そして代表された者が代表する者たちによって支配されるのを拒否することをひとたび決定すれば、また別の決定が行われなければならなくなる。自律的な参加を行うことのできる政治的主体になるためには、個人的なものから集団的なものへの飛躍が必要なのだ。このような決定は、特異性と〈共〉に同時に関わるものでなければならない。

政党は役に立たない

この文脈において、近代的な政党が——それが代表制や議会制の形態をとろうと、前衛の形態をとろうと——こうした種類の意思決定の機関としては役立たない、ということはもはや明白だろう。過去、政党は自己の権力を正統化するために、社会運動のエネルギーと理想をしばしば取り込もうとした。そのさい政党がマルチチュードに告げたのは、「君たちはストリートで自分の仕事をやり遂げたのだから、もう家に帰りたまえ。あとはわれわれが政府本部に入って、大義を引き継いでおくから」という言葉だった。

政党がそうした作戦に成功した場合——次にめぐってきた選挙で恩恵をこうむることもあっただろう——必ずと言っていいほど運動を破壊しようとした。じっさい、二〇一一年に噴出した運動に直面した政党は、とくに「アラブの春」を経験した国々で見られたように、それらの運動の力を利用し、吸収しようと試みた。だが、それはもはや不可能である。なぜなら、さまざまな運動によって創出された決定する力は、政治的に一緒になって行動する人びととともにあるべきものであり、そうした〈共《コモン》〉的な土壌を超越した何者かに移譲することはできないからだ。

運動の力を簒奪するのに失敗した政党がよく使う手口は、その制度を巧みに用いて、運動が当初から抗議してきた権威主義的かつ抑圧的なやり方を自ら繰り返すというものだ。しかし、それで話が終わるわけではない。さまざまな場所にいるマルチチュードは、新聞やニュースのヘッドラインから一時期、姿を消すことがあっても、新たな土壌のうえで必ずや再集結し、自らの自律性と力能を表明するために〔さまざまの特異性の〕新たな合成を手に入れることだろう。

〈共〉の構成のための実例

次節で、新たな権力と新たな権力分割に関する議論と直接向き合うまえに、若干の具体的な例を取り上げて、その具体的文脈のなかで構成的原理と不可譲の権利がいかに練り上げられたかを検証しておくことが役に立つだろう。

とくに私たちが探究したいと思うのは、このような問いだ。すなわち、水・銀行・教育などの社会財を〈共《コモン》〉として制度的に構成〔＝立憲化〕し、それらの財を構成的原理や不可譲の権利と合致した〈共〉の制度へと変容させることはどうすれば可能なのか？　これは本質的には、民主的な参加を通じて、制度・財・資源を〈共〉として有効に管理運営することは可能か、という問いにほかならない。

実例①　水は〈共〉的財である

コチャバンバとイタリアの教訓

資源は〈共〉であるとたんに宣言するだけでは十分ではない。水資源を例にとるなら、その民営化〔＝私有化〕を禁止して、たんにそれが〈共〉的財であると抽象的に主張してみたところで、水資源は誰もが使用できる〈共〉になるわけではない。このことは、創造的な刺激をあたえてくれた二つの社会運動――二〇〇〇年にボリビアのコチャバンバで発生した、いわゆる水戦争と、二〇一一年にイタリアで実施された、水事業の民営化に関する国民投票――から私たちが学んだ教訓《レッスン》である。これらの闘争はともに公的な水システムの民営化を防ごうとするものではあったが、当初意図されていたようにそのシステムを〈共〉的資源にするのではなく、公的な管理を強化するという結果をもたらした。

水をはじめとする資源を〈共〉的なものにするためには、そうした財そのものに働きかける行動だけではなく、財を支える基本的施設全体《インフラストラクチャー》に働きかける行動も同時に必要である。言いかえれば、水への自由なアクセスを実現するためには、水の配分と濾過《ろか》のための複合的な構造と設備を、市民たち自身の決定によって取り仕切られる、実効的な民主的管理運営のもとにおく必要があるわけだ。私たちがここでユーザーや顧客《クライアント》ではなく「市民」について言及したのは、水とその物理的な管理運営を取り仕切るものとして、平等かつ民主的な参加からなる構造が必要であるという点を強調するためである。

したがって、こうした例が示すように、水が〈共〉的なものになるためには、自由なアクセスという構成的原理を正当なものとして主張し展開しなければならないわけである。また、それに加えて、水使用の持続可能性という原理も考慮されなければならない。この原理は、未来がすでに現在に存在しているかのように想定したうえで、次世代にとっての資源の利用可能性を尊重するものだ。

そして最後に、水が〈共〉的なものになるためには、水の処理と配分に必要な技術はもちろんのこと、水の社会的ニーズに関する知識も専門家の領分（ゆえにまた政治家の振りかざす武器）にとどまってはならず、市民のあいだに広く普及しなければならない。たとえば、都市のニーズと農業用の需要の両方を満たすだけの水が存在しない場合、その配分は情報を有する住民によって民主的に決定されなければならない。

アパシーから快楽へ

こういうと読者は次のように自問されるかもしれない、「水配分について自分はいったい何を知っているのか、時間をかけてそうした知識を学びたいという気持ちが果たして自分にあるだろうか」、と。〈共《コモン》〉への民主的参加と、〈共〉の管理運営にとって、知識が前もって必要とされることは明らかである。とはいえ、私たちの社会に関する政治的決定に積極的に関与するのに、複雑な知識が要求されるなどとおおげさに考えるべきではない。

これまで人びとは政治的無関心《アパシー》と無知の状態にとどまるよう仕込まれるとともに、民主的な参加に対する欲求や衝動を抑えるようそそのかされ、専門家しか理解できない複雑きわまりないものとして社会システムを捉えるよう仕向けられてきた。もちろん以前にも、オランダとアルプス山脈の住民や、アンデス山脈の先住民アイマラ族が実行したように、さまざまな共同体が水やその他の資源の配分に関する決定を実効的な仕方でともに生みだした例はある。今日、私たちに必要なのは、これらの知識に対する欲求や衝動をかきたて、政治的参加にともなう快楽を再発見することである。

またそのさい明らかにしておかなければならないのは、水を〈共〉的なものにすることが、それを公的なものにすること——水の規制と管理運営をローカルな国家制度に委託するという意味で——を含意するものではない、という点だ。〈共〉的な決定は、あくまでも民主的な参加を通じてなされるものであって、選出された代表者や専門家たちによってなされるものではないのである。〈共〉的なものと公的なものとのこの区別は、構成をめぐる問題の核心をなすものにほかならない。現行の政体において公法と公的権力は、私的なものとの連携において定義され、国家のリベラルな代表組織との関係においては、私的なコントロールに従属させられている。

一般意志から逃れる

こういうわけだから、いかにして〈公〉を〈共〉へと変容させるかという問いは、少なくとも最初、三つの論点を提起することになる。第一の論点は、法を〈共〉的なものにするという、抽象的だが根本的な原理に関わるものである。この原理は、市民共同体が財を統制し、管理運営するのに必要な、〈共〉の法的プロセスを創出する役割を果たす。第二の論点は、財の〈共〉的な使用原理を組み込んだ管理運営システムの創出に関わるものである。そして第三の論点は、民主的な参加を、財の所有権と管理運営に関する政治的領域として規定するものである。このように、〈共〉的財について語ることは、市民の直接的な参加を通じて管理運営される財の集合に関して、構成的プロセスを構築することを意味するのだ。

〈共〉を、社会組織と政体〔＝憲法〕の中心概念にすることは、法理論にとっても重大な意味を有する。とくにそれは、ルソーの「一般意志」という概念から神秘性を取り除くのに役立つ。ルソーは一般意志を、「全体意志〔＝全員の意志〕」の上に立ち、またそれを超越した人民総体の意志であるとみなす。けれども、すべての市民がその管理運営に携わらなければならず、またそれについて民主的な決定を行わなければならない〈共〉的財は、あくまでも共同体に内在したものであり、一般意志のように共同体を超越したものではないのである。

革命家としてのルソーは、私有財産を犯罪として公然と非難しさえしたのだが、その一方で一般意志を権威の概念として首尾よく確立してみせたのだった。ルソーはもっぱらこのことを、一般意志があらゆる人びとの意志であるためには、それは全員の上に立ち、誰にも属さないような意志でなければならないと想像することによって成し遂げたのである。まさにそのために、ルソーの一般意志という概念は、国家主義的な解釈、さらには権威主義的な解釈さえも受け容れる余地があるわけである。

これとは対照的に、〈共〉的財は、すべての人びとによって構築され、所有され、管理運営され、分配されなければならないものなのだ。〈共〉的なものになるとは、マルチチュードの理性・意志・欲望に導かれながら休むことなく活動することである。またそのさい、マルチチュード自身も、〈共〉的なものについての知識を身につけ、政治的情動について学ばなければならない。したがって、社会を構築し、構成的プロセスを生みだすために、市民は〈帝国〉*の一般意志を想像して、自らそれに服属するように強いられているわけではない。そうではなくて市民は、全体意志をともに織り上げていくプロセスを通じて、自分たち自身で〈共〉を創り出すことができるのである。

実例② 銀行をいかに変革するか

計画策定のための制度

マルチチュードの構成的諸原理と不可譲の諸権利を実現するためには、銀行が〈共《コモン》〉的財を共同で管理運営するための機関となり、金融が民主的な計画策定のための道具《ツール》となる必要が

---

* ネグリとハートは『〈帝国〉』*Empire*（二〇〇〇年。水嶋一憲・酒井隆史・浜邦彦・吉田俊実訳、以文社、二〇〇三年）で、かつての帝国主義が、ある中心的な国民国家の主権とその拡張の論理にもとづくものであるとするならば、いま姿を現しつつあるのは、多種多様な権力がネットワーク状に結びついたグローバル権力――支配的な国民国家や、ＩＭＦ（国際通貨基金）・世界銀行といった超国家的な政治的・経済的制度、諸種のＮＧＯ（非政府組織）やメディア・コングロマリットといった一連の権力のあいだの、不均等ではあるが広範な協力関係にもとづくもの――であると指摘し、この新たな権力形態を〈帝国〉と呼び直してみせた。

ある。とはいえ、私たちはここで、いつか貨幣の存在しない社会が訪れることはあるだろうか、という問いに関心を抱いているわけではない。そうではなくて、私たちが焦点をあてたいと思うのは、生産手段を管理運営し、交換手段を民主的に調整〔＝規制〕するために必要とされる、いくつかの制度的活動なのである。

たしかに貨幣は商品の流通手段として役に立つし、老後に備えた貯蓄を保証するものとしても、事故・災難から身を守るための保険としても役に立つ。以下で私たちが考察するのは、貨幣が投資手段となる場合に、いかにしてそれを民主的に管理運営する必要があるかについてである。だがそのさい、ただちに言えることは、蓄積の道具としての貨幣は禁止されるべきであるということだ。「貨幣を創出する貨幣」とは、古くから高利貸しを定義するさいに使われる言葉だが、今日でもそうした投機的な金融慣行は罵《のの》られて当然だろう。

銀行の役割について考察するさいに心がけなければならないのは、いくつかの構成的原理をじっさいに働かせることだ。これらは、負債と安全性《インセキュリティ》の欠如に抗する闘争を通じて創り出された原理であり、自由と平等、〈共〉へのアクセス、そして持続可能な社会的関係と発展とからなる。これらの原理が強く求めるのは、貨幣の機能と銀行の活動をあくまでも二次的なものとすること、すなわち、〈共〉的財の促進に付随するものとし、消費と再生産に関する社会的ニーズに付随するものとすることなのである。銀行とはつねに（現行の新自由主義体制においてすら）社会的な計画策定の制度のことにほかならないのだ。

自由主義的および新自由主義的な体制内では、この計画策定は、富の私的な流通と蓄積のための手段を保証し、拡大することに向けられる。今日、銀行が独立していると言われるのは、主にこのことを意味している――つまり、市民の民主的なコントロールから銀行が独立している、ということだ。こうしたたぐいの独立性は、他の人たちの生命と安全性《セキュリティ》を危険にさらすものである。ニューディール政策による抜本的措置のひとつは、貯蓄銀行を投資銀行から切り離すことによってリスクを制限するというものだった。しかし、人びとの貯蓄を投機的操作に委《ゆだ》ねて危険にさらさないようにすることだけが課題であるというわけではない。今日、それよりも重要で基本的なのは、投機を、民主的な意思決定によるコントロールと市民参加によるルールの下におくことである。

たしかに、ソヴィエトの社会主義を経験したあと、計画化は忌わしい記憶しか残していないし、「計画」という概念そのものさえもが悪名高いものになってしまっているが、それは無理もない面がある。社会主義的計画化が、市民から選択の自由を奪い、社会の再生産に対して残酷な規範を強制したのは事実なのだから。けれども、そのさい注意しなければならないのは、それらの帰結が、計画化という手法そのものに由来するものであるというよりは、そうした手法を配備した公的な政治権力に由来するものであるという点だ。私たちが現在抱いている、公的権力に対する政治的無関心《アパシー》や公法に関する疑念は、その大部分が、そのような失敗の経験がもたらした、正道からはずれた効果によるものなのだ。

公的なもの、換言すれば、社会的なものを超越した権威は、官僚制的にふるまう。それは多くの場合、非理性的かつ盲目的なものであり、息苦しいものなのである。このようにして私たちは、社会主義体制のもとにある銀行の役割を、社会的計画化の官僚制的手段としてしりぞけることになる。しかし、そのとき私たちは、利潤とレントの拡大を目的とする、銀行の資本主義的モデルも同じくしりぞける。なぜなら、両者はともに〈共〉に抗する働きをするものだからだ。

〈共〉のための銀行とは

私的な蓄積の手段としての銀行や、公的な計画化の手段としての銀行を拒否することによって、〈共《コモン》〉の蓄積と〈共〉のための計画化をめざす新たなモデルを構想するための道筋が開かれることになる。

生政治的生産と認知資本主義の時代である今日、アイディア、情動、コード、コミュニケーションといったもの〔＝非物質的財〕とともに働く、中心的な生産力のいくつかは、工場に集中することなく、社会的領野全体に広がっている。じっさい、大都市《メトロポリス》は、これらの力が存在し、互いに作用し合う特権的な場である。

この文脈において銀行は、どのような役割を果たすのだろうか。金融資本と協調しつつ、新たな生産的能力をビジネスに利用できるようにするために、集合的な社会的権能を「ひとまとめにする」役割と、断片的に散らばっている知識を「統合する」役割——この二つを担う中心的な行為体《エージェント》として、銀行は市場《マーケット》に登場する。この場合、すでに生産条件が変化しているのに、依然として金融資本は、基本的にかつての工業化時代と同じような、銀行とビジネスのあいだの関係に従って機能している。そしてこれこそが、近年の経済的破局を引き起こした要因のひとつなのである。

私たちがいま思いをめぐらす必要があるのは、このように権能をひとまとめにし、知識を統合する機能を、社会的生産と再生産に関する民主的な計画化のなかにどのように組みこみ、活用するのか、その答えとなる方法なのである。今日の生産は、工場のように社会から切り離された領域に隔離されたものとしてではなく、社会全体に広がったものとして理解されねばならない。してみれば、〈共〉の利益のためには、銀行を消し去るのではなく、銀行の機能——生産的な社会的関係のあらゆる領域を登録し、育成し、支援する機能——をさらに増大、拡大しなければならないだろう。

自由と〈共〉へのアクセスという構成的原理は、このような仕方で銀行制度に浸透し、銀行を、その他の民主的制度を補強する支えの役割を果たすものに変えるだろう。たしかに現在、銀行と金融産業の慣行は、社会的不安《インセキュリティ》の増大や、社会的不平等の悪化、そして自由の制限を含めた数々の不正義をもたらしている。それらの不正義を弾劾するために、今日の闘争は銀行と金融産業に激しい攻撃を仕掛けなければならない。これは明白である。けれども、明日の闘争は、銀行と金融機関を変革し、方向性を正す方法を見つけるべきだろう。それによって、社会的富の生産と再生産、分配を民主的な参加を通じて計画するために必要な機能を、銀行と金融機関が果たすことができるようになるのである。

実例③　教育のスキーム

自己教育のために

教育を〈共《コモン》〉の制度にするために私たちに必要なのは、水と銀行の例で指針として示された三つの原理を適用することである。すなわち、資源を〈共〉的なものにすること、自主的な管理運営の計画図式《スキーム》を発展させること、すべての決定を民主的な参加からなる手続きに従わせること、以上、三つの原理である。知識は〈共〉的財の典型であり、教育は知識・アイディア・情報へのアクセスに依拠している。これらの財への開かれたアクセスに向けた計画図式を創り出すことが、〈共〉の制度として教育を構想しようとするあらゆる試みにとって、前提条件をなすものであることは明らかである。

とはいえ、教育とはたんに知識にのみ関わる事柄ではないし、もともとは知識に関わる事柄ですらない。学習することを通じて、たしかに私たちは知識を獲得し、事実を学び、アイディアをこらしてものごとを進めることになるわけだが、しかし、そのさい何よりもまず私たちは自分の知性を育《はぐく》んでいるのである。言いかえれば、そのさい私たちは思考する力〔＝思惟《しい》する力能〕を発展させ、養成しているのだ。

この意味で教育の基本とは、つねに自己教育なのである。[23] 誰もあなたに代わって学習することはできないし、思考する力はつねにすでにあなた自身の内に宿されているのだ。あなたの知性は陶冶《とうや》される必要がある。むろん、自己教育といっても、それは教師を追いだしたり、学校を破壊したりすることを意味するわけではない。そうではなくて自己教育が意味するのは、そうした〔教師との〕関係性や〔学校という〕制度を、学習を助成する環境の創出へと向けることなのである。

教師があたえることのできる最大の贈り物とは、おのおのの学生に認識を促すことにほかならない。すなわち、それぞれが思考する力を有し、またその知性を学習のために用いたいという欲望を有しているという事実を認識させることである。学習は自己教育の本質にあたるものだが、残念ながらこれは現行の教育形態にはごくまれにしか見あたらない。自己教育は、教条主義や検閲といった障害と同じく財政的障害からも解き放たれる必要がある。自己教育は、情報・知識・学習のツール等々を含めた〈共〉への開かれたアクセスを実現する事例――おそらくはその範例的な事例――として組織されなければならないのである。

『エミール』との違い

とはいえ、自己教育は、個々人の孤立状態と混同されるべきではない。私たちが念頭においているタイプの自己教育は、ルソーの『エミール』と若干の類似性を有してはいるが、じつはかなり大きく異なるものである。主人公エミールは、最初は物理的世界との相互作用を通じて、またのちには観念と書物からなる領域との相互作用を通じて五感を鍛えながら、詩的な感情教育を受ける。私たちがここで論じている種類の自己教育も、ルソーの『エミール』と同様に社会的・科学的なものであるばかりか、情動的なものでもある。だが、それとの大きな違いは、私たちの想定する自己教育が個人的なものではない、という点にある。

私たちが学習することができるのは、他者たちとの関係においてのみ、また他者たちとの相互作用においてのみ――彼ら彼女らが目の前にいようといまいと――なのである。この意味で教育とはつねに、〈共《コモン》〉を構成する諸々の特異性が互いに平等であることを習得するための実習にほかならず、またそうした平等を実証する企てにほかならない。別の言い方をすれば、私たちは学習するとき、つねに他者たちの知性を認めることが自らの利となることを学ぶのである。ルソーの作品の主人公エミールが、将来の伴侶となるソフィーと出会ったときに、すぐさま彼女が自分より劣った者だと想像したのは、何ら驚くべきことではないだろう。これとは異なり、ここで言う自己教育には、私たちの〈共〉的知性を発展させる協働プロジェクトが必須である。

したがって知識の管理運営は、その他の資源の場合と同様に、開かれたアクセスや平等、持続可能性、そして参加という原理によって導かれねばならない。現在の教育の発展を左右する計画化の形態は、民主的な意思決定の構造にその座を譲らなければならないのだ。今日、教育――とりわけ高等教育――は強力な監督下におかれており、財政援助が、教育の計画化を進めるうえでの主要な仕組みとして機能している。公教育に対する国家の財政援助が減少するにつれて(その額はヨーロッパと北米全体でもっとも劇的に減少している)、民間の〔=私的な〕財政援助が教育の計画化のなかで中心的な力を発揮するようになっている。言いかえれば、今日、大学はますます企業化されているわけである。

しかし、このことはたんに大学内のヒエラルキーや経営スタイル、報酬システムのみに関わる問題ではない。それに加えて――また何よりもまず――研究と教育の資金を提供している企業が、知識の管理運営と教育の計画化を実質的に決定しているということが問題なのだ。

教育の指針をどこに定めるべきか

合衆国政府による教育計画化の大規模プロジェクトのひとつは、一九五七年のソ連の人工衛星スプートニク打ち上げに刺激されたものだった。翌年、連邦議会は、宇宙開発競争でソ連に先んじられたのは、科学・数学において合衆国の教育が遅れをとっていたことを示すものだという確信にもとづき、国家防衛教育法を可決した。同法は、応用数学と工学、そしてサイエンスの諸分野を主たる支援対象としながらも、教育システムの全段階で財政援助を劇的に増大させるものであった。

このプロジェクトを推進した根本的な理由が国家の安全保障であることは明らかだ。しかし、たとえそうであったとしても、教育システムの増強とそのシステムをとおして実施された先述の研究領域に向けた手引きは、当時の産業界のニーズと合致したものにほかならなかった――またじっさい、こうした教育の押し上げが、以後、何年かにわたって合衆国の企業界《ビジネス》に利益をあたえることになったのである。しかもこれ以外にも、財政援助は意図せざる無数の効果をもたらし、数多くの領域で教育を促進したのだった。

それから半世紀以上たった今日、教育計画化を規定する法と、教育への基金の流入を、かつての国家防衛教育法に匹敵するものとして思い描くなら、それはどのようなものになるだろうか？　この場合、注目に値するのは、企業の財政援助がいまだに旧い産業モデルに従っていくつかの科学の分野に集中しているにもかかわらず、現在の生政治的生産の時代においては、言語的・コミュニケーション的・知的発展に関する領域のなかにこそ、旧来のモデルと同等か、それよりも大きいビジネスのニーズが存在するということである。そして、これらは人文学教育に特有の領域である。しかるに近年、まさにその人文学教育が財政援助を劇的に減らされているのである。

だが、もし教育が〈共〉《コモン》の制度になることができたなら、企業界の利益ではなくて、社会全体の利益が教育の指針《ガイド》となるだろう。教育の計画化と教育に対する財政援助を遂行し、学習・研究の機会と知識への開かれたアクセスを拡大するためには、全員を民主的な仕方で意思決定に参加させる構造を確立しなければならないだろう。私たちはこうした種類の教育制度を、先述した構成的諸原理をもとに築き上げることができるのだ。

実例④　〈公〉から〈共〉へ

国家の管理に逆戻り

〈共《コモン》〉のための闘争は、民営化〔＝私有化〕の脅威に直面したとき、しばしば公的管理によって防御される方へとこっそり向かったり、それを公然と求めさえするようになる。私たちの目的はあくまでも〈共〉であるというのに、私的所有の権力に直面した場合、公的所有を求めて闘争する必要があるのだろうか？

たとえば、大学の民営化や中等教育への財政援助の打ち切りに反対する、学生と教授たちの闘いにおいては、たしかに公的所有を求める必要があるだろう。彼ら彼女らが主に、またただちに頼みとすべきなのは、〈公〉の権力を改めて主張することであるように思える。同じく、シエラレオネのダイヤモンド採掘やウガンダの石油採掘、ボリビアのリチウム開発やカナダのタールサンド開発など、世界の多くの地域で自然資源の私的な開発〔＝搾取〕が進められているが、このような事態へのオルタナティヴは、何より公的権力であるようにみえる。たいていは外資系の企業による私的な開発を通じて、少数の者の手に富が集中するようになり、またその過程で社会環境と自然環境がともに破壊されているのである。

このような事態と闘うためのもっとも有効な武器は、国家主権を肯定し、資源を公的な所有財産にすることであると思える。もっと劇的なケースを取り上げるなら、気候変動のような環境災害による脅威に直面した場合、私企業が持続的にもたらす破壊に対して私たちがとりうる唯一の選択肢は、国家による管理と規制を強く要求することであるかのようだ。

こうして私たちは、そもそも〈共〉をめざして出発したのに、国家による管理下に逆戻りしてしまった自分に気づく。それはまるで、インドに到達しようとして船出したクリストファー・コロンブスが、最終的にアメリカ大陸に到着してしまったような、行き先を間違えた旅のようだ。とはいえ、こうした類推《アナロジー》は実際には正しいものではない。ソ連との類似にもとづくアナロジーのほうが、より実情に即しているだろう。当初、資本主義的支配との闘いを繰り広げていたソ連は、新たな民主主義に向かってまっすぐ進んでいると思い込んでいたのだが、しかし結局は官僚制国家という機械《マシーン》に行き着いてしまったのである。

〈共〉を求めて闘争しながら、公的な所有財産と国家による管理と折り合いをつけるとき、私たちはいかなる種類の取引や協定を結んでいるのだろうか? また、いったんそうした取引や協定をうまく結んだなら、国家の支配と規則のせいで身動きがとれなくなり、〈共〉の民主的な管理運営への歩みがそこで止まってしまいはしないだろうか?

ロールズに倣えば

私たちの見るところでは、公的な所有財産から〈共〉《コモン》へ、また国家による統制から民主的な管理運営へといたる移行経路を促進し、育成するのに適した二つの道筋が存在する。最初の道筋は、ジョン・ロールズ*がその正義論で提案した「格差原理」をモデルにしたものである。(24)

この原理に従うなら、財の分配における不平等が容認されるべきなのは、唯一、そうした不平等がその社会でもっとも不遇な立場にある成員の便益を最大化する場合においてのみである。あらゆる社会的決定において、その他の要因が同等であるならば、貧者に便益をあたえることが優先されなければならないのだ。この原理は、富の平等な分配に向けて徐々に、だが堅実に進んでいく原動力を整備するものである。

〈共〉のための格差原理も、これと並行したかたちで作動することになる。つまり、その原理とは、国家によって規制されたあらゆる社会的機能は、もしそれらが同時に〈共〉的な仕方でもうまく管理運営されるものであるならば、〈共〉の手に移されねばならないというものである。たとえば、個人授業や研究計画といった、教育生活の諸相を自主的に管理運営するための提案は、国家による管理運営よりも優先されるべきである。

これと同様に、自然資源の〈共〉的な民主的管理運営は、少なくともそれが国家による管理運営と同程度に実効的かつ効率的であるならば、つねに優先権を有するべきである。とはいえ、こうした種類の格差原理は、理論的な指針としてはたしかに有用なものに思えるが、現実的な社会的変革を保障するほどの実効力を備えてはいない。

闘争は二段構えに

〈公〉から〈共〉への着実な動きを確保するための第二の道筋は、第一のそれよりも活動的かつ実用的なものなのだが、それは二重の闘いをともなう。すなわち、〈共〉の側に立ち、新自由主義に反対する多くの社会運動は、私有財産の支配を覆すために〈公〉の側に立って闘争するのだが、それと同時に、またはそれにつづいて、〈共〉と自主的な管理運営のメカニズムのために公的権力に抗して闘うことになるのだ。もちろん、それら二つの道筋は両立不可能なものではない。それらは互いに結合可能なものであるうえに、他の戦略とも結合可能なものなのだ。

ここでの要点は、公的管理を肯定するすべての戦略をしりぞける必要はないけれども、それらの戦略に満足することもできない、ということに尽きる。私たちは、〈共〉へと向かう運動

＊ 不遇な人びとの最大の便益に資すべく格差を是正すべきこと。つまり、生まれながらの才能の分配・分布を相互補完することによって社会的・経済的便益を分かち合おうとする合意を指す。ロールズ『正義論』参照。

を確実なものにするような原動力を始動させる手段を見つけ出さなければならないのだ。〈公〉に味方すると同時に反対するという、このような二重の闘争の実例は、今日、数多く存在している。多くの環境運動と同じく、教育の民営化に反対する学生運動もたいていそうした特徴を帯びている。私たちの見解では、この二重の闘争を模範的なかたちで示す例として、ラテンアメリカにおける社会運動と進歩的政府のあいだのダイナミックな動きをあげることができる。これは以下でより詳しく分析するに値する範例である。

実例⑤ ラテンアメリカの進歩的政府と社会運動

社会運動と政権政党との関係

一九九〇年代から今世紀最初の一〇年間にかけて、ラテンアメリカの大国のうちのいくつかの政府が選挙で勝利を収めた。新自由主義に反対し、〈共〉《コモン》の民主的な自主的管理運営の側に立つ強力な社会運動に後押しされて、権力に到達したのである。これらの選出された進歩的政府は、数多くの人びとが貧困から立ち上がることができるよう援助を行ったり、先住民やアフリカ系の住民に関する根強い人種的ヒエラルキーを変革したり、民主的な政治参加への道を開いたりした。外的な面では経済と政治両面での長年にわたる従属関係——すなわち、グローバルな経済権力、世界市場、そしてアメリカ帝国主義に対する従属関係――を打破したりするなど、多くのケースにおいて大きな社会的前進を実現したのである。

しかしながら、これらの政府が権力をにぎり、とくに旧体制の慣行を繰り返した場合には、諸々の社会運動が闘争を継続することになる。ただし、そのさいに社会運動が対立することになるのは、〔当然ながら旧体制ではなく〕自分たちのことを代表していると称する新政府なのである。

このようにして、社会運動と政府のあいだの、なかば制度的な関係性が発展していったわけだが、二〇世紀全体をとおして、そうした関係性は社会主義的慣行により、政権構造の内的な関係性として類型化されてきた。たとえば、労働組合と党のあいだのダイナミックな関係性は、党機能の内部関係として捉えられたのであり、また党が政権について社会主義政府が成立すると、社会運動の活動性は、政府の支配構造が許す範囲内にとどまるものに改造されてしまうことになったのである。

こうした内的な関係性は何に由来するのだろうか。それは、組合から党、社会運動、政府までが、同じイデオロギーにもとづき、戦術・戦略を同じように受けとめ、さらには同一の人びとに指図されているという事実（ないしは思いこみ）に由来するのである。社会主義政党が押し進めた「闘争の続行と政権の運営」というスローガンは、それら二つの機能が両立可能であり、党の内部に属するものであるという考えを端的に示すものだ。

運動が自律的になる

　このように社会主義の伝統をとおして、社会運動と党ないしは支配的制度のあいだの内的な関係性が措定《そてい》されてきたわけだが、近年、そのような関係性は断ち切られるようになってきた。その代わりにこの間、私たちがラテンアメリカ諸国で目にしてきたのは、決定的な外在性（＝外的関係性）、すなわち、そうした組織化の慣行やイデオロギー的立場、政治的目標からの社会運動の分離なのである。ときに運動と政府が共闘して、国内の寡頭制や国際的な企業、人種差別的なエリート層に抗する闘いをともに進めることもあるが、そうした場合ですら、両者の分離は維持されている。運動の「アイデンティティ」は、特定のローカルな状況に根ざしたものにほかならないのだ――大土地所有制《ラティフンディオ》に抗して闘う先住民共同体や土地なき農民たち、保証所得を要求する失業者たち、あるいは生産の自主管理を要求する労働者たちが、それぞれの仕方で示しているように。

　しかし、それと同時に運動は、政府に対して協働的ないしは敵対的な（あるいは協働的であると同時に敵対的な）関係性を保っており、そのおかげで運動は、経済的・社会的・行政的・構成的（＝立憲的）な特定の争点をめぐって、自律的に行動することができるのである。

運動と政府のあいだのこうした外的な関係性を通じて、政府の行動のうち指導的な側面を著しく変容（および縮小）させる働きが始動することになる。別の言葉で言えば、この関係性を通じて、政府《ガバメント》＝統治のメカニズムは協治《ガバナンス》のプロセスへと生成変化せざるをえなくなるのだ。それにともない、政治と行政をめぐるさまざまな意志は、多数多様で開かれた現場に関与するようになる。

同じくまた、統治の機能によって主権権力が弱体化され、その結果、むしろ統治の機能は、人びとの合意にもとづく介入を実現し、立法的規範を多元的に創出するための開かれた共同実験室《ラボラトリー》となる。ここできわめて興味深いのは、いかに多数多様な人びとが出会い、またときには抗争がいかに多数多様なものであったとしても、統治のプロセスに含まれている深い政治的な一貫性が、それでもなお維持されているという事実である。

このようにして、「〈共〉《コモン》の制度性」にまつわる多くの側面がここで明確に現れ出ることになる。すなわち、旧い植民地主義的ないしはブルジョア的な政体構成〔＝憲法〕を骨抜きにする「脱構成的な」力や、新たな政体構成を支える側面のうち倫理的かつ政治的なプログラムにもとづくものを優位におくこと（つまり、〔運動が政府とは〕「別の場所に」いること）である。さらには、政治的展開の緩慢《スロー》な時間性と自律性や、制度とコミュニケーションの透明性が主張され、「暗黙の対抗権力」が表明されることである。暗黙の対抗権力とは、構成的プロセスそのものの内部に存在し、非常事態に備えて、危機の要因に抗して行使される用意がすでにできている権力を指す。またさらに「〈共〉の制度性」には、マイノリティの保護を増大させるという面に加え、これまで列挙してきたすべての側面を導き、調整する民主的な意思決定プロセスという面も含まれている。

構成的権力のダイナミズム

注意しておかなければならないのは、ここで私たちが記述している、社会運動と政府のあいだの開かれた関係性を備えた、政治の多元的な作用が、ポピュリズムの一形態ではないという点である。ポピュリスト政府は、社会運動の多様な表現を何とかして主権権力の源に引き入れ、それと合体させようとしている。このように社会運動と主権権力を不明瞭なかたちで合体させた混交的な政治体制には、煽動《せんどう》政治の危険性がはらまれている。たしかに、諸々の社会運動がポピュリスト政府の支配的な枠組みのなかでそれぞれのアイデンティティを維持しているというのは、よくあるケースだ。しかし、そうした妥協的なケースにおいてすら、それらの運動は自分がより高度な統一性を打ち立てるための一部分にすぎないということを受け容れたうえで、〔ポピュリスト政府の〕ヘゲモニー的権力によって包摂されなければならないのである。あらゆるポピュリスト政府にとって本質的に重要なものはヘゲモニーにほかならないのだ。

けれども、社会運動が政府に対して外的な関係性を保ち、その自律性を守るとき、そうしたポピュリスト的ヘゲモニー——それがいかなるものであろうと——の基盤は、政府に抵抗する行動によって、たいてい掘り崩されてしまうのである。

ラテンアメリカのいくつかの国に存在している、社会運動と進歩的政府のあいだの外的な関係性は——その度合いと形態はさまざまに異なるとはいえ——「構成的実例〔＝〈共《コモン》〉の構成のための実例〕」として私たちの役に立つものだ。これは、ラテンアメリカにのみあてはまるような、限定された意義しかもたない例外的な現象ではない。そうではなくて、私たちはこの例を、その他の国々や地域にもあてはまるモデルとして捉えている。ラテンアメリカの国々におけるように、活動状態にある構成的権力の開かれたダイナミックな動きを経験すること——そうした経験をくぐり抜けることなしに、民主的な参加と〈共〉の新たな構成プロセスの両方へと通じる道筋について考えることは困難であるにちがいない。

運動と政府のあいだの開かれた関係性や、多数多様な入り口を備えた、多元的なガバナンス形態、そして私たち自らが発明する生の諸形態のためのルールを不確定な〔＝偶発性を排除しない〕やり方で形成すること。これらいくつかの要素こそが、すべての人びとの参加にもとづく〈共〉の民主主義を着実に進めていくうえで、その基盤となる地平を構成するものなのだ。

民主主義的改革への疑念

合衆国憲法はこれまで多くの場合、完璧な統治道具として、言うならば「自分で動く機械」[25]として称賛されてきた。しかし今日、明らかなのは、合衆国憲法ばかりではなく、すべての共和政憲法が、ブルブルと音を立てて停止したり、動かなくなったり、たえず故障したりする機械にほかならない、ということだ。だが、さまざまな運動が提起する構成的原理と真理の視点からすると、それらの欠点を改造するのは難しいことではない。

共和政憲法は奥深い改革を是が非でも必要としている。だがそれらを変革して、民主主義の新たな空間と構造を創出することは可能なのか？　立憲構造の奥底に埋め込まれている、私有財産〔＝私的所有〕と資本主義的市場という支配原理が、〈共《コモン》〉の管理運営を開こうとするあらゆる試みに対して、避けられない障害となるのではないか？　私たちの見るところでは、民主主義的改革に関するこうした疑問や疑念は、伝統的な左翼の中核を形づくる立場のいくつかを揺るがすものだ。というのも、そうした左翼を構成する基本要素のうち、もっとも進歩的なものは、いまなお共和政憲法〔＝共和政体〕の擁護や改革と固く結びついているからである。

そのため私たちは、現行の危機に照らして、今日の憲法〔＝政体構成・国家構造〕の窮状にまつわるいくつかの側面を略述してみたいと思う。また、そのさい私たちは、慣例に従い、三つの主要な統治部門〔行政部・立法部・司法部〕を順に考察することにより、その窮状にアプローチすることにする。

肥大化する行政部

ここ数十年のあいだに、行政部の権力〔＝執行権力〕が著しく拡大した。[26] 行政官僚制は、司法部と立法部という他の二つの部門に取って代わり（すなわち、他の二つの部門をあわせたものに匹敵し）、またそれらと競合する構造を発展させてきたのである。たとえばアメリカ合衆国では、行政部に属する法律専門家による決定が、司法部の決定に優先する傾向がある。また行政部の〔執行機関の一部局として司法省に設置された〕法律顧問局（ＯＬＣ）は、司法長官府に匹敵する重要性を担うようになっている。さらに大統領お抱えの経済専門家は立法権力より優位を占めている。

同じくヨーロッパでも、もうかなりのあいだ、政府が行政命令による立法措置を通じて、議会権力を空洞化するようになっている。そこでは内務大臣と警察がますます議会の統制を受けなくなってきており、さらに戦争を行う権限と軍の管理運営が立法部から行政部に移管されてきたのである。

だとすれば、なぜバラク・オバマは（これは一例にすぎず、他にも数多くの名前をあげることができるだろう）、そのように行政部が司法部・立法部と比べて不釣り合いに大きな権力を有するようになったというのに、その改革アジェンダをもっとうまくやり遂げることができなかったのだろうか？　オバマは、ジョージ・W・ブッシュの政権担当期間にふるわれていた例外的権力に終止符を打たなかった。では、なぜ彼はそうした例外的権力を有効に用いることができなかったのだろうか？　どの程度までオバマ自身がそうした行政構造に縛られていたのだろうか？

むろん、オバマは革命家ではない。とはいえ彼が、地味ではあっても意義のある改革を実行するつもりで、大統領職に就いたことはたしかである。これと同じジレンマは、ヨーロッパの左翼にも見受けられる。左翼が実施した主要な社会改革の例をあげるとすれば、フランスのミッテラン政権の最初の二年間[*]にまで遡らなければならないだろう。

立法の無力

多くの面で改革の源泉であるべき立法部は、その構成的〔＝立憲的〕機能の中身を徐々に奪われてきたのである。民主的な代表制の瀕《ひん》している危機が、政体〔＝憲法〕にはらまれた重大な弱点をしるしづけるものであることは間違いない。いまや立法権力は、社会的プロジェクトを提案し、予算を管理運営し、そして何よりも軍事を統制するためのごく弱い能力しか有しておらず、そうした能力をほとんど失っているも同然である。立法機関が果たす主要な役割は、行政部のにぎる主導権《イニシアチブ》を支援するか、妨害するかのいずれかでしかなくなっているのだ。たとえば、合衆国連邦議会が行いうる最大の活動は、行政部のプロジェクトを妨げ、統治機関の働きを停止させることであるようにみえる。

このような文脈において、左翼が立法部に希望を託すとき（そして多くの場合、それに応じうる空間は唯一、立法部のみである）、必然的に失望と幻滅を味わうことになる。人びとが、議会代表制の基幹をなす政党に対して抱いている疎外感は大きくなりつづけており、左翼政党に対する不信感はとくに強い。

言うまでもなく、二〇世紀から二一世紀にかけて、政党に課せられ、要求されている任務は、並外れて複雑なものになっている。市民社会を代表することにまつわる古典的な問題に加えて、政府債務・人口移動・エネルギー政策・気候変動など、政党の任務は複雑多岐にわたる。こうした複雑さに直面している以上、本来なら政党の代表能力は、全体として拡大すると同時に、

＊　ミッテランは社会主義にもとづく政権構想を掲げて一九八一年に大統領に当選した。政権獲得後、国有化路線の経済政策に乗り出すが、この「実験」は二年で失敗。以後、新自由主義的な経済政策へと転換した。

個々の分野についてはより専門化しなければならないはずである。ところが実際には、政党の代表能力は消失しつつある。圧力団体《ロビー》のはびこる議会制システムが、それらの任務にまったく適したものではないということは、すでに判明している。

では、どうすれば、議会制システムを変革ないしは刷新することが可能になるのだろうか？　構成的プロセスを下から築き上げることのできるような、新しい代表制の形態や新しい市民的討論の土壌を創出することは可能なのか？　伝統的左翼はこれらの問いに何ら応答できずにいる。選挙システムの改革に関する論争はいつも徒労に終わってしまう。ことにヨーロッパでは、選挙法をめぐる議論でアイロニーとシニシズムを見分けるのは困難だ。選挙戦における政治的かけひきでは、選挙キャンペーンへの直接的な資金援助を通じて、また同時に、いまや富裕層と権力者のための表現手段となりつつあるメディアを通じて、カネがますます主要な役割を果たすようになっているが、左翼政党はそのような情勢に立ち向かう能力を完全に欠いている。社会を代表しているという左翼政党の見せかけは、カネの力の背後に消え去ってしまう。したがって、おそらくとりわけ左翼にとっては逆説的なことなのだろうが、選挙で勝利するためには政治腐敗が避けられない道となっているのである。

司法の保守化

じっさい、〔三つの主要な統治部門に関して〕新たな憲法上の均衡と開かれた改革の手段を決定するために、司法部の権力が動員された機会はこれまでに数多くある。たとえばアメリカでは、そうした企てがときおり成功した。すなわち、一九三〇年代と六〇年代に下された連邦最高裁判所の判決は、社会改革運動に寄与し、合衆国憲法の進歩的かつ反人種差別的な改革を促進した。しかしながら、こうした機会が訪れたのも、当時が経済的危機のみならず、社会秩序を危うくする激烈な社会的抗争をも含めた例外的な状況だったからである。

今日では、事態は実質的に変化しており、司法部の権力は保守的な立場に逆戻りしてしまっている。二〇〇〇年の大統領選で連邦最高裁判所が果たした決定的な役割を持ち出すまでもなく、二〇一〇年に連邦最高裁が、企業による選挙資金支出の上限を——言論の自由の権利を口実に、そうした資金援助は保護されるべきであると判断して——撤廃した決定を引いておくだけで十分だろう。

ヨーロッパでも、過去には司法部を鍛造《たんぞう》して構成的〔=立憲的〕な機構《マシーン》を作り上げようとする企てや、ジャコバン的な旧いユートピアを復活させようとする試みも見られたが、それらはつねに曖昧で、けっして実効性をもたないものだった。とりわけイタリアでは、判事が自らの権力を土台にして改革を制定しようと試みることで、司法部に属するとみなされる憲法上の本来の地位を歪めてしまっている。ゆえに、これらの判事が保守的な路線に従ってその職務を果たさない場合でも、たんに彼らは政治権力の代理という役目を果たしているにすぎないのだ。そしてこうした事態は、際限のない災厄をもたらしている。

伝統的左翼と共和制の破綻

このようにして数々の左翼政党は、不平をもらすだけの嘆きの党になってしまった。左翼政党は、福祉国家の破壊や〈帝国〉の軍事的冒険、企業界の雇用創出能力の欠如や金融の圧倒的権力、また銀行家の強欲について嘆く。そしてついには自らの代表者そのもの〔政党の幹部など〕が腐敗に塗《まみ》れていることや、代表制を担う正統性がそもそも自分らに欠けていることを嘆きだす始末だ。左翼政党がそのノウハウを熟知して積極的にとることのできる唯一の立場は、過去を守りつつ、憲法を擁護するというものである。

だが、そうした過去は想像上のものでしかなく、たとえばヨーロッパにおける反ファシズム運動やアメリカにおける公民権運動についての骨抜きにされた語りのバージョンによって崇《あが》められているものにすぎない。しかも、そうした語りのバージョンはともに、支配的な金融権力との本質的な妥協のなかに閉じ込められてしまっている。今日、左翼政党は「中道＝中心に立つ極端主義」*のせいで苦しんでいるわけだが、そうした極端主義もまた、左翼政党に代わって、牧歌的な記憶をその支えとしていることが多い。

問題は、たんに伝統的左翼が、構成的〔＝立憲的〕改革の有する実効的でダイナミックな動きを開始できないことにとどまらない。共和政憲法じたいが、もはや改革したり、改良したりできないものになっているのだ。立憲的〔＝構成的〕秩序と社会的土壌を変革するためには、新たな構成的プロセスが必要なのである。

私たちはさまざまな運動が構築する原理と真理のなかに、そうしたプロセスを始動させるための基礎を見出す。このような未知の土壌について、私たちはそのおおまかな概略さえ素描できる立場にはないが、これまでの分析にもとづいて、その特徴のうちのいくつかを識別することはできる。そこで最初のアプローチとして、三つの伝統的な立憲的機能——立法・行政・司法——を説明の目的のために保持しながら、新たな構成的諸原理によって、それらがどのように変容させられるのかを探ってみることにしよう。

＊ フランスの政治哲学者エティエンヌ・バリバールが、近年の政治状況を指し示すために用いた表現。選出された左右両派の政治勢力が、議会制的かつポピュリスト的な「中道主義」へとなだれ込むことにより、じつのところそれじたいが「極端主義」の一形態にほかならない中道主義が政治の中心に位置するものとして形成される現象を指す。ネグリ、ハート『コモンウェルス（上）』、一五七頁を参照。

アジェンダ① 立法をどう変容させるか

水平に広がる組織体

構成的〔＝立憲的〕プロセスにおける立法権力は、代表制の一機関であってはならない。そうではなくてそれは、社会生活と政治的意思決定の統治に全員が参加することを促進し、育成する機関でなければならないのだ。じっさい、少なくとも一八世紀にまで遡ることのできる多くの歴史的事例において、立法議会はそうした構成的実験にうまく着手することができたのである。

往々にしてつかの間のものであったこれらの時期に、政治は社会の現実的な水準にまで引きずり下ろされ、社会的なニーズと欲望の表現に応じて再編されたのだった。現代でも、先に引いておいたラテンアメリカの経験のいくつかが示すように、諸々の構成的な集会が革新的な役割を演じるケースがある。その場合、広範な社会的諸力が結集し、表現の機会があたえられるのだ。構成的権力に含まれている立法的側面は、社会運動と社会的諸力の多数多様性を反映するとともに具体的に表現し、それによって政治の多元的存在論を自己の解釈にもとづいて実際に機能させなければならないのである。

このようにして連邦主義が、構成的な立法権力の根本原理となる。ここで私たちは連邦的という語によって、州や省といったより小さな政治的単位を支配する中央の権威のことを意味しているのではない。その代わりに私たちは連邦的という語を、「中央集権化された抽象的な統一体のもとに包摂されることのない、社会的領域全体に広がった多様な政治的諸力のあいだの、開かれた、たえず拡大しつづける関係性」というもっと基本的な意味で理解している。言いかえれば、私たちの意図している連邦主義的組織体は、ピラミッドのかたちではなくて、水平に広がっていくかたちをしているのだ。そのような形状をとる連邦主義は、プロセス指向的かつ多元的な次元を政治のなかに育成するのである。

集会の意思決定をモデルにする

連邦主義に含まれている、これらの「ポスト国家的」側面を、閉ざされることも中央集権化されることもない立法権力にとっての基盤にすることは可能だろうか？　そうした試みが一定のかたちをとり始めるのは、私たちが立法権力を社会運動の時間性に従うものとして考え、さらにその連邦構造を社会運動の空間的次元――すなわち、ある特定の地域に根ざすと同時に、広く行きわたってもいる次元――に適応したものとして考えるときである。じっさい、こうした複雑な編成配置《アレンジメント》は生産的な効果をもたらす。つまり、〔連邦主義の〕諸々のネットワークは、立法機能の個々の次元との関連で、それらすべての次元をともに評定したうえで、織り合わせるのに役立つのである。

二〇一一年の泊まり込み抗議運動や占拠された広場のなかで開かれた集会は、先述した連邦的な流儀で、さまざまな場所に力を伝播《でんぱ》させた。おのおのの集会は、それ自身のルールに従って機能し、表現と意思決定のための独自の技法を発展させる。ある提案に賛成の意を表すために、手をあげてひらひらさせたり、ツイッターでフォローしたりするような、単純な手法が用いられるケースもあるが、すべての集会では、小さな指導者集団に権力を集中させてしまうような深く根づいた傾向を、阻止しようとする意志が共有されており、またそうした傾向に代えて、全員が討議と意思決定に参加できるような仕組みが用意されているのである。

言いかえるなら、何百人、ときには何千人にものぼる参加者が力を合わせて作り上げるこれらの運動のなかで、集会という形態は、民主的な立法権力を創出するための道具《ツール》として役立つのだ。もちろん、さまざまな集会で、そのつかの間の存在期間のあいだに、平等な民主的参加という強い願望がつねに叶《かな》えられてきた、というわけではない。だが、にもかかわらずそれらの集会は、可能なる連邦主義について思考するための強力なモデルを提示しているのである。

労働者評議会の目的と限界

さまざまな集会を連邦的な立法権力のモデルとして取り上げることは、ただちに規模の問題を提起することになる。どうすれば集会形態を、広場という狭い領域を超えて社会全体へと広げていくことができるのだろうか？　疑い深い者はこの問いにこう応じるだろう——古代ギリシャから学ぶことができるように、民主的な意思決定は少数の限られた人口のなかでのみ可能である、と。けれども近代を通じて、意思決定への参加を社会全体へと広げることをめざす、数多くのプロジェクトが試みられたのだった。たとえ最終的にはうまくいかなかったとしても、それらは今日の私たちが引き継ぎ、実行に移すことができるかもしれない戦略を示唆している。たとえば、二〇世紀の社会主義は、いくつかの独創的な発案を率先して行ったが、それは労働者に権力を掌握させ、労働者自らが政治的な意思決定をなすための手段を構築することにより、連邦主義的な流儀で権力を社会全体に広げようとするものだった。社会主義のすべての潮流の中心を構成するものとして提案された労働者評議会は、権威主義的な趨勢《すうせい》に反対して、革命の主たる目的は全員による全員の支配を意味する民主主義にほかならない、と考えた。少なくともパリ・コミューン以降、ドイツ語のラートやロシア語のソヴィエトに見られるように、多くの異なるかたちをとることになった労働者評議会は、連邦主義的な立法権力の基礎をなすものとして思い描かれてきた。

そうした評議会の数々とそれらが設立する委任形態は、労働者を代表する役割を果たすものというよりはむしろ、労働者が政治的意思決定に直接参加することを可能にする役割を果たすものなのである。もちろん、多くの歴史的な事例が示すように、それらの評議会が構成的な仕方で機能しえたのは、ごく短期間のことにすぎない。また、ワイマール憲法におけるように、それらの評議会が無力化され、産業的な労使協議制の機関として取り込まれてしまうケースもあれば、労働者独裁――これは〔共産主義への〕移行期間が終われば何らかの方法で民主的ガバナンスに取って代わられることになる、と主張されていた――の基礎をなすものとして、それらの評議会が欺瞞的なかたちで思い描かれるケースもあった。

そうした失敗を重ねてきたとはいえ、労働者評議会の活力に満ちた基本要素にあたるものは、政治と政治家という互いに切り離された領域を破壊し、その代わりに政治的意思決定の回路を労働者のネットワークを通じて社会全体に広げながら、立法権力を生産領域において具体的に機能させようとする、その企てにほかならない。労働者評議会の権力の卓越性は、すでに工場内に存在していた労働者間の関係を活性化し、活用したという事実にある。つまり、生産現場で働いていたのと同じコミュニケーション回路が、評議会の政治構造のなかで別の目的に使用されたわけである。

もちろん私たちは、労働者評議会を二一世紀的な形態で復活させることを提案するつもりなどない。諸々の評議会が抱えていた明らかな限界のひとつは、まさにそれらが社会の一部にのみ開かれたものであった、という点にある。というのも、たとえすべての工業労働者が評議会に参加したとしても、工業部門以外の賃金労働者や労働者の家族、また失業者やその他の人びとは、政治的プロセスから閉め出されてしまうことになるからだ。

全員を意思決定に参加させる

このように述べたうえで、しかしいまや私たちは、現代の生産が有するいくつかの基本的特徴のおかげで、労働者評議会の基礎的な機能をより広範かつ民主的な形態を帯びたものとしてふたたび想像することができるようになっている、という点を指摘しておきたい。

私たちがこれまで主張してきたように、現代の生政治的生産においては、コードや言語からアイディア、イメージ、そして情動の生産までがますます中心的な役割を演じるようになり、生産領域を画定している諸々の境界が広がり、ぼやけてきているために、社会全体がその生産ネットワークのなかに組み込まれていく傾向がある。それゆえ、こうした文脈のなかで、もし私たちが意思決定と政治的参加の構造を――かつて労働者評議会が行ったように――生産の配列に沿って拡大するなら、そうした政治構造をもっと広範囲に拡げ、社会のもっと幅広い部分をその内部に組み入れることが潜勢的には可能になるだろう。言いかえるなら、生政治的生産のなかで創り出された関係構造およびコミュニケーション構造を、集会形態を広範な社会的レベルにまで拡大するという別の目的に使用することが可能になるだろう。

言うまでもなく、このような仕方で生政治的生産をなぞった実効的な政治構造を創出することは、容易な仕事ではない。しかも、向き合わなければならない問いが次々と持ち上がることになる。とはいえ、前へ進むための方法がひとつある。それは、「さまざまな広場」とそこで集会という形態を用いてなされた実験があたえてくれた諸々の教え《レッスン》を、社会的レベルで適用するために、それらの教えの解釈に着手することである。現在においても、新たな立法権力を生みだすという必須の仕事は、意思決定への政治的参加を社会的領域全体に沿って拡大させられる連邦主義的形態を考案するという仕事と、同じものでありつづけているのだ。

そして最後に指摘しておきたいのは、社会を民主化して、全員を意思決定に含めようとするあらゆる試みは、人口の広範な部分に見られる、政治に対するきわめて根深い嫌悪感——これは長い時間をかけて、権力をにぎる者たちが増進させてきた感情である——に抗して闘わなければならない、という点である。いかなるかたちの民主主義であれ、それが可能となる以前になされなければならないのは、人びとの参加への衝動と自治への欲望を陶冶するような政治的情動を新たに生みだすことである。二〇一一年に試みられた、さまざまな場での泊まり込み抗議運動は、そうした方向に向けた重要な一歩であった。

それらの場を占めていたのは経験を積んだ活動家《アクティヴィスト》のみではなかったし、またそうした活動家が主たる参加者ということですらなかった。そうではなくて、それらの場を占めていたのは、そのような政治行動の形態に初めて参加した人びとであり、彼ら彼女らの経験を通じて、政治を創造し、政治に参加しようとする欲望がたえ間なく育っていったのである。民主的な政治的情動を生みだすための、もっとも確実で、もっとも強力な方法は、民主主義を実践することにほかならない。

アジェンダ② 行政をどう変容させるか

社会主義的「計画化」の蛮行

行政権力は、構成的〔＝立憲的〕プロセスのなかで、社会的かつ経済的な計画化と発展に対するニーズに取り組まなければならない。だが、そのさい念頭におかなければならないのは、「計画化」と「発展」の近代的および現代的な形態が、これまで広範な層から正当に批判されてきた、という点である。新たな行政権力を思い描き、それを実際に制定するために私たちに必要なことがある。それは、〈共《コモン》〉に焦点があわされ、民主的な参加手続きを通じて意思決定が実施されたときに、計画化と発展の伝統的な構想がいかなる変化を遂げることになるのかをまず認識しておくことである。

国家社会主義が実践した計画化の形態は、悲惨な死を遂げた。先述したように、そのような形態を悼《いた》むべきではないし、復活させようと努めるべきでもない。そうした実践がもたらした冷酷さと効力のなさは、主として意思決定権力の中央集権化の帰結であった。社会主義的官僚制は、中央に位置する者たちを他から切り離し、（社会的諸力が中心へと向かう流れを阻止しつつ）孤立した状態に保つことと、（中心から外へと向かう指令の流れを促進しつつ）中央からの指図が行きわたるように社会全体を管理運営することの両方の役目を果たしたのである。

資本主義的「計画化」の実情

とはいえ私たちは、国家社会主義の計画化による蛮行を認識したからといって、資本主義の計画化が生みだしてきた不正義と災厄——これらは多くの場合、隠蔽され、ごまかされている——に目を塞ぐべきではない。

二〇世紀最後の数十年間に企てられた新自由主義的・新保守主義的な諸革命は、国家権力を削減し、社会的領野から国家を除去する——ひとことで言えば、政府がわれわれの活動に干渉できないようにする——と主張しつつ、弱い国家という神話を喧伝《けんでん》した。その結果、社会福祉向けの国家予算はたしかに削減されたが、軍事上・法律上・事業上の利益のための財政援助が増額したために、じつのところ、国家予算全体はたんに増大することになったのである。新自由主義国家は、その主張とは裏腹に、実際には強力な計画化の権力を振りかざしており、企業および金融の利益と密に協調することを通じてその権力を制定・行使するのだ(27)。

新自由主義者たちはいまだに民主主義的な雰囲気を醸《かも》しだそうとしている。だが彼らが「市場《マーケット》が決定する」と主張するとき、もはやその雰囲気に騙されてはならない。市場の意思決定といった物言いは、よくても婉曲語法であって、恐ろしいほど強力な計画化の手段を駆使する、銀行権力と金融権力を含めた富の力を遠回しに指し示すものにすぎない。そうした諸々の力こそが、たとえば、どのソフトウェアを開発するか、どのダムを建設するか、誰が住宅を購入するかといった事柄に関して、実際に決定を下しているのだ。

金融と銀行は通常の時期には、相対的に国家から自律して機能しているが、しかし結局のところ、両者の結びつきは必ず表面化することになる。二〇〇八年秋に金融危機が頂点に達したとき、普段は幕の後ろで行われている、アメリカ政府の役人とウォール・ストリートの首領たちが協力する場面がちらりと見え、意思決定者のサークルが現実にはどれほど小さなものであるかが示された。

いずれにしても明白なのは、現行の危機が、資本主義の計画化が生みだした数々の災厄をまた新たに別のかたちで証明するものである、という点だ。そして、そのようにして私たちは、社会主義と資本主義がともにもたらした破局的事態を認識したうえで、いかなる形態をとろうと計画化とはいっさい関わりたくないと思う人たちに、たやすく共感することが可能になる。

〈共〉には計画化が必要

計画化と同じく、発展の概念と実践も悪評にさらされている。二〇世紀全体を通じて発展は、工業モデルに従い、主に（経済）成長として捉えられてきた。その前提となっていたのは、人間の幸福は財の生産と資源の消費の持続的拡大に依拠している、という考えだった。だが、そうした成長が、世界の従属的地域における欠乏と連動した、支配的地域における途方もない浪費を生みだしたということはいまや明々白々であり、またそれ以上に、地球全体がそのような成長軌道に沿って生き延びることはもはやできないということも歴然としている。もっと多くの自動車を、もっと多くの商品を、もっと多くの農場を、といったかけ声とともに、こうした産業様式にもとづく成長として考えられた発展が、持続可能なものではないということは明らかだ。また、もう一方で注意しなければならないのは、世界の多くの地域における厖大な人口が依然として財と食糧を欠いているという事実が存在するにもかかわらず、現行の成長軌道が持続不可能な性質を有しているということに焦点をあてるあまり、成長のプロセスを逆転させることを主張し、発展の概念じたいを捨て去ろうとする者たちがいる、という点だ。

けれども、いま私たちが計画化と発展に関して展開した暗いシナリオは、〈共《コモン》〉の中心性を認識するとき、実質的な転換を遂げることになる。〈共〉とは、社会的労働の生産物——アイディア、イメージ、コード、情報、情動、その他を含む——に加えて、地球とその生態システム——森林と海洋や土、空気、水、等々——を指す。

しかし、先ほど水に関して論じたように、資源はただちに〔＝無媒介的に〕、または自然発生的に〈共〉的なものであるわけではない。私たちは、共有された資源への開かれたアクセスを手に入れるために、組織化と基本的施設《インフラストラクチャー》のプロジェクトをぜひとも必要とするのである。水が〈共〉的なものになるためには、パイプやポンプ、そして管理システムが必要であるのに対し、アイディアが〈共〉的なものになるためには、教育や出版フォーラム等々が必要なのだ。アクセスを開放するためには〈共〉を組織しなければならないのと同じように、〈共〉を未来においても持続させるためには、それを管理運営しなければならないのである。地球の安定した大気環境と同じくアイディアの領域は——そしてまさに〈共〉のすべての形態は、計画化をぜひとも必要としているのだ。

経済生活と社会生活の中心に〈共〉が位置するようになっている今日、発展とは何を意味するのだろうか？　それがつねに成長を意味するものではない、ということはたしかだ。その代わりに、今日における発展は、私たちすべてが自分たちの〈共〉的な富を分有し、その富にアクセスし、その富の生産に平等に参加することを可能にするようなメカニズムの構築を意味するのである。

さらに、こうした文脈においては、管理運営もこれまでとは完全に異なる形態をとることになる。資本主義的な（そしてまた社会主義的な）近代を通じて、統制的モデルの役割を果たしていたのは工業生産であったが、そのさい生産的協働を組織するために経済的な管理運営が必要としていたのは、管理および規律・訓練からなる階層構造と一体になった官僚制組織だったのである。

だが今日、アイディアやコード、社会的諸関係といったものを生産する、私たちの知的かつ情動的な能力を活かす、生政治的生産に適した管理運営が必要とするものは、工業生産に適したものとはかなり異なるものになっている。というのも、生政治的領域における生産的協働は、官僚制の監視と指導を必要としない生産者間の社会的ネットワークのなかで創り出される傾向にあるからだ。このことは、いかなる管理運営も不要であるということを意味しているのではなく、いまや管理運営は社会に内在したものとなり、社会的織物じたいに編み込まれたものとならなければならない、いうことを意味しているのである。

なぜ専門知識を身につけるのか

私たちは説明を明瞭にするために、この新しい構成的〔＝立憲的〕な行政権力を、立法権力から切り離されたものとして提示してきたが、しかし実際には、それら二つの権力は完全に織り合わされねばならない。別の言い方をすれば、計画化という行政的機能は、すべての人びとが民主的に決定に参加することのできるような連邦主義的な方法で設計されなければならないのである。

このことはただちに、専門的な知識や技能に関して、先述したような反論を提起することになる。けれども、構成的な立法権力の要求を実現するためには、参加に対する政治的な情動と衝動を育てなければならないのとちょうど同じように、〔構成的な行政権力の要求を実現するためには〕私たちを取り巻く社会的世界に関する知識や専門的な技能をもっとも広範な規模で陶冶しなければならないだろう。

今日、決定を下している政治家や金融界の大立者は、天から私たちのもとに遣《つか》わされた天才などではない。私たちを取り巻く自然的・社会的・経済的世界に関して、情報にもとづいた知的な決定を行うために、私たち全員が教育をとおして、少なくともそうした政治家たちと同程度の専門家になることはできないと決めつける理由など、どこにも存在しないのだ。

アジェンダ③　司法をどう変容させるか

司法権とは政治権力である

立法と行政に関して、私たちはそれらの機能を、構成的〔＝立憲的〕プロセスの性質と組織化のニーズを探るための手段として再解釈することができた。しかし、司法権力が構成的プロセスのなかでどのように設定されうるのか、その方法について考察するためには、司法権力の主な要素のいくつかを明確化し、ときほぐしておく必要がある。

まず認識しておくべきなのは、司法の独立を主張しているにもかかわらず、司法権とはつねに政治権力にほかならない、という点だ。この事実を証明するひとつの例として、米連邦最高裁判所判事の指名公聴会というスペクタクルをあげることができる。さらに判事が社会改革のプロジェクトを試みたり、〔立法部と行政部という〕他の二部門のうちのいずれかが主導権をにぎることを阻止しようと企てたりするさい、判事の政治的性格がきわめて明白に示されることが多い。政治家が、自分の見解と判事の見解が一致しないときには、政治的だとして判事を攻撃し、見解が一致するときには、判事の知恵と独立性を称賛するというのは、珍しい光景ではない。

まれなケースだが、たとえば学校における人種統合の実現を強く求めたり、マイノリティの投票権や労働者の組織権を保護したりするなど、司法部が進歩的な方向に動く場合でさえ、その介入は権威主義的なかたちをとり、議会代表制にもとづく集団の権力を事実上、簒奪することになってしまう。そして最後には、あらゆる種類の災厄をもたらす結果を招いてしまうのだ。

私たちの意向は、司法部を真に独立させるための方法を追求することではなく、むしろ司法部のいくつかの機能が政治的なものであるのは避けられないという前提のもとで、それらの機能を政治的領域上で適切に再編成する方法を見出すことである。ここで私たちが考えているのは、民法と刑法を行政的に管理することではない。それらの領域では、判事と陪審は、特定の党派などの圧力からできる限り独立していなければならないのであり、またじっさい、その場合には、法律が帯びている政治的性格を除去するという大変な仕事に着手しなければならないだろう。以下で私たちは、そのような仕事に取り組む代わりに、司法部の有する構成的機能のうちのいくつかに焦点をあててみたい。

より効果的な権力チェックのために

司法部の有する構成的機能のひとつの中心をなすものは、政府に抑制と均衡《チェック・アンド・バランス》を提供するという働きである。とはいえ、そうした抑制の能力は、差異を必要とする。なぜなら、司法部の成員が〔立法部と行政部という〕他の二部門の成員と実質的に異ならない場合、他の二部門を抑制するために司法部が提供できるのは、しょせんは脆弱な仕組みでしかないからだ。

目下のところ、司法部は主として時間に関する点で、他の二部門とは異なっている。つまり、その成員が定期的に選出される必要はないということだ。このことには、たしかに司法部の安定性を生みだすという効果があるが、しかしそれは〔他の二部門との〕均衡をとおしてというよりは、惰性《だせい》をとおしてもたらされる効果である。私たちの見るところでは、もし構成的〔＝立憲的〕な立法権力が、意思決定を社会全体に拡大するような、連邦的な参加原理に従って創り出されたならば、さまざまな差異からなる、より実質的な領野が開設されるだろう。言いかえるなら、立法議会の開かれた構成的な構造のなかで、対立する多様な力が互いに抑制し合いながら、ダイナミックな均衡を創出する役目を果たすのである。

だが、この想定に対しては、次のような懸念が生じるかもしれない。すなわち、他の二部門の外部に存在する、「第三の」権力としての司法部の占める位置がそのような布置のなかで失われてしまい、単一の立法的―行政的なガバナンス構造のなかに呑み込まれてしまうことになりはしないか、と。しかしながら、構成的なプロセスに参加する人びとのあいだのさまざまな差異や、各人の他の人びとに対する外部性は、三権に分立された統治機構間の差異よりも、はるかに大きく、したがって、より効果的なチェック機能を発揮するのである。*

マルチチュードが憲法を解釈する

司法部には主要な構成的〔＝立憲的〕機能がもうひとつある。憲法を解釈するという機能である。私たちがここで思い描いている種類の構成的権力〔＝憲法制定権力〕の文脈においては、そのような解釈は依然として本質的な重要性を有する。先に私たちが基本的権利として提示した、不可譲の権利——自由、幸福、〈共〉《コモン》への開かれたアクセス、富の平等な分配、持続可能性をはじめとするさまざまな権利——は、実際に適用され、実行に移されるために、ぜひとも解釈されることを必要としているのだ。

そのさい問題となるのは、それら不可譲の権利を自分たちのために解釈するのに、黒い法服を着た、小規模の専門家集団が本当に必要なのか否か、という点である。もし構成的権力が、民主的な参加型の形態をとるならば、構成的な〔＝憲法に関する〕解釈も社会化されなければならないだろう。つまるところ、構成的プロセスがその基礎としている諸々の原理と真理は、上から下に手渡されたものではなくて、社会そのものを構成する諸々の運動と力動性《ダイナミクス》を通じて構築されたものなのである。

＊〈共〉を構成する各人の特異性にもとづく差異の度合い。

先述したように、マルチチュード全体がそうした解釈に参加することができ、また意思決定を行うことができるようにするためには、ここでもまた、知性を発展させ、政治的情動を創出し、専門的な知識と技能を養うのに必要な道具《ツール》を供給することをめざす教育プロジェクトを、社会全体に行きわたらせることが必須の仕事なのである。たしかにこれは大変な仕事だが、しかし、これはきっと私たちの能力を超えたものだろう、と決めつける理由など、どこにも見あたらないのだ。

私たちは新しい憲法を起草するような厚かましさを持ち合わせていないし、私たちがここで立法・行政・司法に関して提示した事柄は、若干の一般的原理に寄与するだけで、ごくわずかの内実しか有していないということもよく承知している。私たちはただ、未来のアジェンダの一部を形づくりうるような、いくつかの基本要素を書き留めようと試みたのである。けれども、二〇一一年に始まった諸々の闘争による宣言が明確に指し示しているのは、新たな社会を構成することに関する議論がすでに熟しており、また今日それが、もっとも重要で必要なものとなっているということだ。

次《ネ》なる《ク》闘《ス》争《ト》へ——共民《コモナー》の出来事

来るべき「出来事」のために

丘の上の町は見えるけれども、遠く離れたところにあるらしい。すべての人びとが〈共《コモン》〉にアクセスし、〈共〉を分有することのできる、公正かつ平等な、持続可能な社会を構成することを想像するのは可能だが、それを実現する条件はまだ存在していない。ごくわずかの者たちがすべての富と武器を保持している世界で、民主的な社会を創造することは不可能だ。

この惑星を破壊しつづけている者たちが相変わらず決定を下しているというのに、地球の健康を取り戻すことなどできはしない。富裕層が自分のカネや所有財産をただで差し出すはずはないし、圧政者が武器を捨てて、権力の統制が崩れるままにしておくはずもない。ゆくゆくは、私たちがそれらを奪取しなければならないだろう——でも、ゆっくりと進むことにしよう。ことはそれほど単純ではないのだから。

二〇一一年に始まった闘争のサイクルを含め、抵抗と叛逆からなるさまざまな社会運動をとおして、新たな機会が創出され、新たな経験が試された、ということは事実である。しかし、それらの美と徳を兼ね備えた実験は、それらじたいでは支配権力を転覆させるのに必要な力を有してはいない。当初は大成功と思えたものですら、悲劇的なことに、すぐさま限られた成功でしかなかったと判明するケースも多い。独裁者を追放して、結局、何を手に入れたのか？軍事評議会か？　神権政治的な支配政党か？　ウォール・ストリートを閉鎖して、結局、何を手に入れたのか？　新たな銀行救済措置か？　途方もなく大きな力が積み重なり、私たちの行く手を阻んでいるようにみえる。私たちが倒さなければならないのは、かくも数多くの頭をもつ、多頭の怪物《モンスター》なのだ！

たとえ絶望に駆られそうになっても、私たちはこれまでの歴史全体を振り返り、予想も予見もしなかった「出来事」が到来した結果、政治権力と政治的な可能性が完全に作り直されてしまう事態が何度も生じてきたことを思い起こすべきである。そうした政治的出来事がふたたび到来すると信じるのに、千年王国説の信者である必要などない。

また、それはたんに数の問題でもない。ある日、何百万人もの人びとが街頭に集まっても何も変わらないこともあれば、別の日に、小さな集団の行動によって支配秩序が完全に覆されることもある。出来事は、人びとが経済的・政治的危機に苦しんでいるときに到来することもあれば、希望や願望がわき上がる繁栄の時代に到来することもある。

金融システム全体が崩壊するような事態は近い将来にさえ生じうる。また、債務者たちが債務を支払わないという信念と勇気を手に入れるかもしれないし、人びとが一団となって権力をにぎる者たちに服従することを拒絶するかもしれない。そのとき私たちは何を行うのだろうか？　どんな社会を構築するのだろうか？

出来事がいつ到来するかを、私たちは前もって知ることはできない。だが、このことが意味するのは、出来事が訪れるまで、たんに待っているべきだということではない。そうではなくて私たちは、たとえ、いつ到来するかが依然として分からないとしても、来るべき出来事のためにつねに準備しておかなければならないのである。この意味で、私たちが取り組まねばならない政治的な務めは、逆説的な性格を帯びているといえる。

フリードマンとクーデタ

こういうと神秘的に聞こえるかもしれないが、じつはそれほどのことでもない。この点に関しては、現行の新自由主義的秩序の設計者やイデオローグのうちの何人かが、ひとつの教訓《レッスン》をあたえてくれる。新自由主義的な経済政策について研究していたミルトン・フリードマンとシカゴ学派の経済学者たちは、その政策を実行に移すための社会的・政治的条件が現に存在するようになるずっと以前から、自分たちのもとで学生を養成し、新自由主義的秩序の政策と制度を企図していた。そしてじっさい、その作業は、チリのアウグスト・ピノチェトに率いられた軍事クーデタが一九七三年九月に発生する、そのずっと以前から進められていたのである。ナオミ・クラインがその著書『ショック・ドクトリン』(28)で詳述しているように、クーデタ計画の策謀者たちは、決行の数カ月前に、シカゴ大学で養成された経済学者たち、通称「シカゴ・ボーイズ」に経済プログラムの策定にあたらせ、彼らは五〇〇ページに及ぶマニュアルを手早くまとめあげたのだった。そのマニュアルには、フリードマンの考えの基本線に沿って、新自由主義的な経済的・社会的秩序を実施するために必要な手段が、詳細に記されていたのである。シカゴ学派の経済学者たちは、ピノチェトのクーデタを計画したわけでもなければ、それを予見していたわけでもなかったが、クーデタが発生したときには、すでに準備を整えていたわけである。

じつにそれ以来、チリ以外の多くの国々でも、新自由主義政策が実施されることになったが、クラインが主張しているように、それらの政策すべては何らかのかたちの惨事に便乗することによって実施可能となったのであり、またどの場合にも、経済的な作戦計画書《プレイブック》が手元に用意されていたのである。

この例から引き出すことのできる教訓は、予期しない機会に備えて準備をしておくことが、どれほど有益かつ有効な結果をもたらしうるか、というものだ。だが、新自由主義者がチリで見出したのは、現在、私たちが直面しているものとは似ても似つかない状況だった。何よりもまず第一に、その機会の性質が完全に異なっている。というのも今日では、クーデタやその他の軍事行動が、民主主義的な変革にふさわしい出来事の発生に結びつく可能性は、まったく存在しないからだ。そして第二に、そうした機会に備えて準備する主体は、〔政治的〕前衛や、シカゴ・ボーイズのような徒党ではありえない。そうではなくて、その主体はマルチチュードでなければならないのだ。

主体性はいかに変化するか

予期しない出来事に備えて準備をしておくという、この逆説的な務めは、二〇一一年の闘争のサイクルがもたらした成果と実績を理解するうえでの最善の方法であるかもしれない。さまざまな運動は、自分では予期することも予言することもできない出来事の基盤を整えているのだ。それらの運動が促進する原理——平等や自由、持続可能性、〈共〉《コモン》への開かれたアクセスをはじめとするさまざまな原理——は、〔旧体制からの〕根底的《ラディカル》な社会的切断をもたらす出来事の渦中において、新しい社会を建設するための足場を形づくることができるのである。

さらに、それらの運動が実験に用いる諸々の政治的実践〔＝慣行〕——とりわけ、さまざまな集会や集団的な意思決定の手段、マイノリティに対する保護のためだけでなく、マイノリティ自身による表明と参加のための仕組み——は、未来の政治的行動の指針として役立つ。とはいえ、それらの構成的原理や政治的実践のどれよりもずっと重要なのは、さまざまな運動が、民主的関係を欲し、またそれらに必要な能力を備えた、新しい主体を創出している、ということなのである。要するに、さまざまな運動は、新しい社会をいかにして創り出し、またそのなかでどのようにして生きるかを明示するマニュアルを書き進めているのだ。

先に論じておいたように、叛逆と叛乱の諸力のおかげで私たちは、現代の危機のなかで資本主義社会が生産し、また持続的に再生産している、疲弊した主体性を振り捨てることができるようになる。同じく、組織された拒絶の運動のおかげで私たちは、自分がいま何者になっているかを認識したうえで、それとは違うものに生成変化する動きに乗り出すことができるようになる。

その運動は、負債が押しつける〔負い目と一体になった〕道徳性と、その道徳性が課す労働規律から私たちを解放する手助けをし、債務社会の社会的不平等がもたらす不正を明るみに出す。またそれは、私たちの注意をビデオ・スクリーンからそらさせ、私たちを縛りつけているメディアの呪文を解くことができる。さらにその運動のサポートにより、私たちはセキュリティ体制の軛から抜け出して不可視の存在となり、社会全体を監視するセキュリティ体制の目から逃れることが可能になる。同じくその運動は、私たちの政治的行動の力能を損なう代表制の構造のごまかしを取り除いてくれるのだ。

とはいえ、叛逆と叛乱は、たんにそうした拒絶だけではなく、創造的プロセスをも作動させるのである。すなわち、現代の資本主義社会が生みだした、疲弊した主体性をひっくり返し、裏返すことによって、社会的・政治的行動のための私たちの力能を構成する、真の基盤が発見されるのだ。

そのようにして、社会のより深部にまで達した債務関係が、債権者のいない社会的紐帯として創り出される。新しい諸真理が、ともに存在する特異性間の相互作用をとおして生みだされる。真の安全確保《セキュリティ》が、もはや恐れに縛られていない者たちによって鍛造される。そして、代表されることを拒む者たちが、民主的な政治的参加の力能を見出す。これら四つの主体的属性のそれぞれは、さまざまな叛乱と叛逆が勝ち取った新たな権力によって特徴づけられる。そして、この四つをあわせもつものとしてコモナーが定義されることになる。

コモナーとは誰か?

中世イングランドにおいて平民《コモナーズ》=庶民を形づくっていたのは、社会秩序の三つの身分——戦う人(貴族)、祈る人(聖職者)、労働する人(平民=庶民)——のうちのひとつだった。また、英国とその他の場所における近代英語の用法でも、身分や地位のない人物、すなわち、普通の男女を表す、コモナーという語の意味はそのまま保たれていた。私たちがここで新たな意図を込めて用いようとしている、コモナーという語も、中世イングランドにまで遡る生産的な性格を保たなければならないが、しかしもう一方で、その射程をさらに伸ばす必要がある。平民《コモナーズ》＝庶民は、たんに働いているという事実のゆえに、普通の民《コモン》であるわけではない。むしろ、そしてもっと重要なことに、平民＝庶民は〈共〉《コモン》を土台にして働き、〈共〉に働きかける存在であるがゆえに、〈共〉的な民《コモン》なのである。言いかえるなら、私たちはコモナーという語を、パン屋・機織《はたおり》屋〔＝織工〕・粉屋といった他の職業名の場合と同じような仕方で、理解する必要がある。つまり、パン屋がパンを焼き、機織屋が布を織り、粉屋が粉を作るように、共民《コモナー》も「〈共〉を作る」のである。[29]

　このように共民《コモナー》とは、次のような非凡な仕事を成し遂げる、平凡な人物のことを指す。すなわち、その仕事とは、私有財産を万人のアクセスと享受に向けて開くこと、国家の権威によって管理された公的財産を〈共〉へと変容させること、民主的参加を通じて〈共〉の富《コモン・ウェルス》を管理運営し、維持発展させるためのメカニズムを個々のケースにおいて発見すること、といったものである。

　したがって共民《コモナー》の仕事は、貧者が自給自足できるように田畑や河川へのアクセスを提供することだけではなく、アイディアからイメージ、コード、音楽、情報までの自由な交換のための手段を創出することでもある。すでに私たちは、こうした仕事を成し遂げるために前もって必要ないくつかの要素について見てきた。すなわち、それらの要素としてあげられるのは、各人を互いに結びつける社会的紐帯を創り出す能力、諸々の特異性が互いの差異を通じてコミュニケートし合うための力能、恐れを振り払うことによってもたらされる真の安全確保《セキュリティ》、そして民主的な政治的行動のための力量である。ゆえに共民《コモナー》とは構成的な参加者のこと、換言すれば、〈共〉の開かれた分有にもとづく民主的社会を構成するための不可欠の土台をなす主体性のことにほかならない。

特異性同士を結びつける

だが、「〈共〉を作ること《コモニング》」という行動は、このように共有された富へのアクセスやその自主的な管理運営をめざすだけのものではなく、政治的な組織形態の構築を同時にめざすものでもある。共民《コモナー》は、きわめて多種多様な闘争する社会集団――そこには、学生、労働者、失業者、貧者、ジェンダーや人種にまつわる従属関係と闘う人びと等々が含まれる――のあいだの結びつき《アライアンス》を創出するための手段を発見しなければならないのである。

こうした〔社会集団の〕リストを引用するさい、政治的結びつきの実践として連立《コアリション》を形成することが思い浮かべられるかもしれない。しかし連立という言葉は、私たちがめざすのとは別の方向を指しているように思える。つまり連立という言葉は、さまざまな集団が戦術上ないしは戦略上の同盟関係《アライアンス》を形成しながら、それぞれが互いに異なるアイデンティティを維持することを、もっと言えば、それぞれが別個の組織構造を維持することさえをも含意しているのである。

〈共《コモン》〉の結びつきはこれとはまったく異なる。とはいえ、むろん、〈共〉を作ることは次のような想像にふけることを意味するわけではない。すなわち、私たちはそれぞれのアイデンティティの違いを否定することができ、その結果、すべてのアイデンティティが基本的には同一であることに気づくだろう、と。これは完全に間違った想像である。なぜなら、〈共〉は同一であることとは無関係だからだ。異なる社会集団は、闘争の過程で、おのおのが特異性として互いに作用し合いながら、相互の交換を通じて、啓発され、鼓舞され、変容させられるのである。それらの集団は、闘争の外部にいる人びとにはたいてい聞こえなかったり、理解できなかったりする低い周波数で〔＝声を落として〕、互いに語り合うのだ。

二〇一一年の実例

以上は、二〇一一年に始まった闘争のサイクルから私たちが学ぶことのできる教えのひとつとなるだろう。ウィスコンシン州議会議事堂を占拠した抗議者たちは、自分たちがタハリール広場に集まった人びとと同じであるとか、同じ社会的条件を共有しているといった思い違いをすることはなかった。このことは、テルアビブのロスチャイルド大通りでテントを張った抗議者たちが、自分たちの運動を、プエルタ・デル・ソル広場での泊まり込み抗議運動をたんに反映したものとはみなさなかったのと同じである。

　これらの抗議者たちは、それぞれがその地域特有の条件にしっかりと根を下ろしつつも、同時に互いにその実践を借用し合い、闘争のプロセスのなかでそれらの実践を変容させていった。すなわち、それぞれの抗議者たちは、他の現場の抗議者たちの発したさまざまなスローガンを取り入れ、それらに新しい意味を付与していったのだ。またそのさい、もっとも重要なのは、これらの抗議者たちが、〈共〉《コモン》的なプロジェクトの一部をなすものとして自らを認識した、という点である。このように、共民《コモナー》が担う政治的任務は、闘争する諸々の特異性のあいだの交換を通じて、またそれらの特異性を変容させることを通じて、達成されるのだ。

左翼の教会を焼き払え！

　もっと伝統的な左翼の政治思想家やオルガナイザーのなかには、二〇一一年の闘争のサイクルが気にくわない者もいれば、それに警戒心を抱いている者さえいる。彼らはこう嘆く、「ストリートは人でいっぱいだが、〔左翼の〕教会は空っぽだ」、と。

　教会が空っぽという表現の意味は、たしかにそれらの運動のなかにはたくさんの闘いが存在してはいるけれども、イデオロギーも集中的な政治的統率力《リーダーシップ》もそこにはほとんど存在しない、ということである。そのうえで彼らはこう推論する——ストリートの抗争を指揮することのできる党やイデオロギーが存在するようになるまでは、またその結果、教会が人でいっぱいになるまでは、いかなる革命も起こらないだろう、と。

だが、じつはまさにその正反対なのである！　私たちに必要なのは、左翼の教会を空っぽにし、その扉を閉ざし、それを焼き払うことなのだ！　それらの運動は、指導者《リーダー》を欠いているにもかかわらず強力なのではない。そうではなくて、まさに指導者を欠いているからこそ強力なのだ。マルチチュードと同じく、それらの運動は水平に組織される。そして、あらゆるレベルで民主主義の重要性が強調されるのだが、それはたんなる美徳を超えたもの、言いかえれば、運動が保持する権力の鍵にあたるものなのだ。

さらに、それらの運動が掲げるスローガンや、そこで交わされる議論は、きわめて広範囲に普及することになった。だが、そうしたスローガンや議論は、それらが表現していたさまざまな立場を、固定したイデオロギー的路線へと集約させたり、規律化したりすることができなかったにもかかわらず、普及したのではない。そうではなくて、まさに集約も規律化も不可能であったからこそ、それらは普及したのである。そこには、人びとに何を考えるべきかを告げる党幹部は存在しない。その代わりに存在するのは、多様きわまりない見解に対して開かれた議論の積み重ねである。それらの見解は、ときには互いに矛盾することさえあるかもしれない。しかし、たいていはゆっくりと時間をかけて、首尾一貫した展望を練り上げてゆくのである。

もしアナーキーという言葉が、混沌や混乱、無秩序を意味するというなら、それらの運動に見られる指導者の欠如や、党のイデオロギー的路線の欠如は、アナーキーを意味するものだと考えてはならない。指導者と集権化された構造こそが、実効力のある政治的プロジェクトを組織するための唯一の方法であるという考えは、政治的想像力が悲惨なまでに欠如した、何という哀れな考え方だろう！

二〇一一年の闘争のサイクルと、近年における他の無数の政治運動を活気づけたマルチチュードが、組織化を欠く、無秩序な存在ではなかったということは、改めて言うまでもない。じっさい、組織化の問題は、それらの闘争や運動において議論され、実験された、もっとも重要な主題だったのである——すなわち、どのようにして集会を運営するのか、どのようにして政治的な不一致を解決するのか、どのようにして民主的な仕方で政治的な意思決定を形づくるのか、というように。

変わらぬ熱情をもって自由、平等、〈共《コモン》〉の原理を守りつづけている人びとにとって、今日もっとも重要な課題は、民主主義社会を構成することなのだ。

謝辞

本書を準備し刊行するにあたり支援してくれた友人たちのお名前を、感謝を込めて以下にあげておく。リゼル・ハンプトン、メラニー・ジャクソン、サンドロ・メッザードラ、ジェディディア・パーディ、ジュディット・ルベル、ジジ・ロジェッロ、ラウル・サンチェス・セディーリョ、ニコ・エスギリア、そしてキャシー・ウィークス。記して謝意を表したい。

原註

序　闘争の始まり

（1）「僕は、君たちに代わって低周波で〔＝声を落として〕語っているのに、そのことに誰も気づいてくれない」については、以下を参照。Ralph Ellison, *Invisible Man* (New York: Vintage, 1947), p.581〔ラルフ・エリスン／松本昇訳『見えない人間』（Ⅱ）南雲堂フェニックス、二〇〇四年、四〇七頁〕

第一章　危機が生みだした主体形象

借金を負わされた者

（2）現代社会において借金や負債が有する政治的重要性を分析した最近のとくに有益な著作として、以下の四冊を参照されたい。François Chesnais, *Les dettes illégitimes* (Paris: Raison d'agir, 2011); Richard Dienst, *The Bonds of Debt* (New York: Verso, 2011); David Graeber, *Debt: The First 5,000 Years* (New York: Melville House, 2011); and Maurizio Lazzarato, *La fabrique de l'homme endetté* (Paris: Editions Amsterdam, 2011)〔マウリツィオ・ラッツァラート／杉村昌昭訳『〈借金人間〉製造工場』作品社、二〇一二年〕

（3）「自由、平等、所有、そしてベンサム」については、Karl Marx, *Capital*, vol. 1, trans. Ben Fowkes (New York: Vintage, 1977), p.280〔カール・マルクス／中山元訳『資本論――経済学批判　第1巻

Ⅰ』、日経ＢＰ社、二〇一二年、三八三頁〕を参照。

メディアに繋ぎとめられた者

（4）「そこで問題になってくるのは、もはや人びとに考えを述べてもらうことではなく……」については、Gilles Deleuze, "Mediators," in *Negotiations*, trans. Martin Joughin (New York: Columbia University Press, 1995), pp.121-34, p.129〔ジル・ドゥルーズ／宮林寛訳『記号と事件　一九七二―一九九〇年の対話』河出文庫、二〇〇七年、二六〇―二六一頁〕を参照。

（5）Étienne de La Boétie, *Discourse on Voluntary Servitude* (New York: Columbia University Press, 1942)〔ド・ラ・ボエシー／荒木昭太郎訳「自発的隷従を排す」『筑摩世界文学大系74・ルネサンス文学集』、一九六四年〕、および Baruch Spinoza, *Theological-Political Treatise*, in *Complete Works*, ed. Michael L. Morgan, trans. Samuel Shirley (Indianapolis: Hackett, 2002)〔バルフ・スピノザ／畠中尚志訳『神学・政治論（上・下）』、岩波文庫、一九四四年〕を参照。

（6）「生きた情報は労働者によってたえず生産される」については、Matteo Pasquinelli, "Capitalismo mecchinico e plusvalore di rete," *UniNomade 2.0*, 17 November 2011, http://uninomade.org/capitalismo-macchinico/ を参照。また Romano Alquati, "Composizione organica del capitale e forza-lavoro alla Olivetti," part 1, *Quaderni rossi*, no. 2 (1962); および part 2, *Quaderni rossi*, no. 3 (1963) も参照のこと。

（7）Karl Marx, *The Eighteenth Brumaire of Louis Bonaparte* (New York: International, 1963), pp.123-124〔カール・マルクス／植村邦彦訳『ルイ・ボナパルトのブリュメール18日』平凡社ライブラリー、二〇〇八年、一七七―一七八頁〕

セキュリティに縛りつけられた者

（8）「監獄はまさしく戸口の真ん前から始まっているのだ」については、Michel Foucault, "Le prison partout," in *Dits et écrits*, vol. 2（Paris: Gallimard, 1994）, pp.193-194〔ミシェル・フーコー／大西雅一郎訳「監獄は到る所にある」『ミシェル・フーコー思考集成Ⅳ　一九七一―一九七三　規範／社会』、蓮實重彦・渡辺守章監修、小林康夫・石田英敬・松浦寿輝編集、筑摩書房、一九九九年、九一頁〕。

（9）最近のアメリカ合衆国の囚人人口については、the Sentencing Project, www.sentencingproject.org を参照。

（10）Michelle Alexander, *The New Jim Crow: Mass Incarceration in the Age of Colorblindness*（New York: New Press, 2010）

（11）増加する囚人人口と新自由主義的な経済戦略との関係については、Loïc Wacquant, *Punishing the Poor*（Durham, NC: Duke University Press, 2009）を参照。

（12）「私たちはいま〔奴隷制の廃止か継続かという問題をめぐって〕、狼の耳をつかんでいるような窮地に陥っている」については、Thomas Jefferson, letter to John Holmes, 22 April 1820 を参照。

代表された者

（13）「代表するということは、不在を現前化すること」については、Carl Schmitt, *Verfassungslehre*（Berlin: Duncker & Humblot,1928）, p.209〔カール・シュミット／阿部照哉、村上義弘訳、『憲法論』、みすず書房、一九七四年、二四五頁〕を参照。

第二章　危機への叛逆

（14）Hannah Arendt, *The Human Condition*（Chicago: University of Chicago Press, 1958）〔ハンナ・ア

レント／志水速雄訳『人間の条件』、ちくま学芸文庫、一九九四年〕

(15)「自分が為しうることから分離された力」については、Gilles Deleuze, *Nietzsche et la philosophie* (Paris: Presses universitaires de France, 1962), p.140〔ジル・ドゥルーズ／江川隆男訳『ニーチェと哲学』河出文庫、二〇〇八年、二四四頁〕を参照。

借金をひっくり返せ

(16)「各個人は、彼の社会的力を、彼の社会との連関と同じように、彼のポケットのなかにたずさえている」については、Karl Marx, *Grundrisse*, trans. Martin Nicolaus (New York: Vintage, 1973), p.157〔カール・マルクス／資本論草稿集翻訳委員会訳『資本論草稿集1 一八五七―五八年の経済学草稿第一分冊』、大月書店、一九八一年、一三六―一三七頁〕を参照。

逃走し、自由になれ

(17) Angela Y. Davis, *Are Prisons Obsolete?* (New York: Seven Stories Press, 2003)〔アンジェラ・デイヴィス／上杉忍訳『監獄ビジネス――グローバリズムと産獄複合体』岩波書店、二〇〇八年〕

(18)「自由な人間は何よりも死について考えることがもっとも少ない」については、Baruch Spinoza, *Ethics*, part 4, proposition 67〔スピノザ／畠中尚志訳『エチカ（下）』、第四部定理六七、岩波文庫、一九五一年、七九頁〕を参照。

自らを構成せよ

(19) 合衆国憲法の約束を履行することを通じ、憲法を救済しようとするプロジェクトのひとつの範例として、Jack Balkin, *Constitutional Redemption: Political Faith in an Unjust World* (Cambridge, MA: Harvard University Press, 2011) を参照。

（20）脱構成的権力（*poder distituyente*）という概念については、Colectivo Situaciones, *19 and 20: Notes for a New Social Protagonism*, trans. Nate Holdren and Sebastián Touza（New York: Minor Compositions, 2011）を参照。

第三章　〈共〉を構成する

諸原理の宣言

（21）私たちは、『独立宣言』のなかに含まれている諸原理を憲法の真の正統な基盤として解釈する、合衆国憲法理論のこうした潮流に魅力を感じている。この思考の系譜のひとつの有力な源泉をなすものとして、エイブラハム・リンカーンが一八六一年に記した、以下の謎めいた断片的テキストを参照のこと。Abraham Lincoln, "Fragment on the Constitution and Union," in *The Collected Works of Abraham Lincoln*, vol. 4, ed. Roy Basler（New Brunswick: Rutgers University Press, 1953）, pp.168–169

構成的闘争とは何か

（22）Peter Linebaugh, *The Magna Carta Manifesto: Liberties and Commons for All*（Berkeley: University of California Press, 2009）

〈共〉の構成のための実例

（23）「学習」と「自己教育」については、Marc Bousquet, Stefano Harney, and Fred Moten, "On Study," *Polygraph*, no. 21（2009）: pp.159–175 を参照。

（24）「格差原理」については、John Rawls, *A Theory of Justice*（Cambridge, MA: Harvard University Press, 1971）, pp.75–83〔ジョン・ロールズ／川本隆史、福間聡、神島裕子訳『正義論』紀伊國屋書店、

改訂版、二〇一〇年、一〇二―一一四頁〕を参照。

新たな三権分立のためのアジェンダ

（25）「自分で動く機械」については、Michael Kammen, *A Machine That Would Go of Itself: The Constitution in American Culture*（New York: Knopf, 1986）を参照。カメンはこの著書のタイトルを、ジェイムズ・ラッセル・ローウェルが一八八八年に執筆したエッセイから借用している。

（26）行政部の拡大については、Bruce Ackerman, *The Decline and Fall of the American Republic*（Cambridge, MA: Harvard University Press, 2010）を参照。

（27）企業の支配的な役割と「裏返しの全体主義」の創出については、Sheldon S. Wolin, *Democracy Incorporated: Managed Democracy and the Specter of Inverted Totalitarianism*（Princeton, NJ: Princeton University Press, 2008）を参照。

次なる闘争へ

（28）Naomi Klein, *The Shock Doctrine: The Rise of Disaster Capitalism*（New York: Metropolitan Books, 2007）〔ナオミ・クライン／幾島幸子、村上由見子訳『ショック・ドクトリン――惨事便乗型資本主義の正体を暴く（上・下）』、岩波書店、二〇一一年〕を参照。

（29）私たちと連携したかたちで共民《コモナー》という言葉を用いている分析として、マッシモ・デ・アンジェリス、ジョージ・カフェンシス、シルビア・フェデリッチらの著作はもちろんのこと、彼らがともに関わっているオンライン・ジャーナル *Commoner*（www.commoner.org.uk）も参照されたい。

解説　これはマニフェストではない——宣言から構成へ

本書は、Michael Hardt and Antonio Negri, *Declaration*, Argo Navis Author Services, 2012の全訳である。原書は、アマゾン・キンドル用の電子書籍として二〇一二年五月に自主出版され、その冒頭部が『ジャコバン』誌のホームページに掲載された小冊子《パンフレット》の紙書籍版にあたる。

＊

二〇一一年三月一一日に発生した東日本大震災と福島第一原発事故は、現在もきわめて深刻な影響を多方面にもたらしている。と同時に三・一一以降、全国各地で繰り広げられることになった反原発デモをはじめとする一連の運動や活動は、困難な状況にありながらも、そうした災厄や危機に叛逆し、新たな民主主義社会を構成するための力能と土壌を着実に培《つちか》いつつある。

世界的にみても二〇一一年は、新たな社会運動と闘争のサイクルが現出した年として記憶されるにちがいない。前年暮れのチュニジアにおける独裁体制への叛乱は、年明け早々からエジプト、イエメン、リビア、シリアといった北アフリカおよび中東の他の国々に拡大していった(「アラブの春」)。さらに、カイロのタハリール広場での泊まり込み抗議運動は、地球を横断するかたちで、マドリード、テルアビブ、アテネ、ロンドン、ニューヨークといった主要都市におけるさまざまな実践に着想をあたえながら、バトンを手渡すように引き継がれていったのである。

これらの都市叛乱のうち、一般的にもっとも注目を集めたのは、ニューヨークの「ウォール街を占拠せよ(オキュパイ・ウォール・ストリート＝略称ＯＷＳ)」の運動だろう。ズコッティパークに集まった多種多様な占拠者《オキュパイアーズ》たちの唱えた、「私たちは九九%だ」という合言葉は、経済的かつ社会的な不平等や不正義をめぐる公的な議論の土俵を大きく作り替える働きをした。とはいえ、もちろん、二〇一一年九月に始まったＯＷＳの運動をこのサイクルの出発点に据えることはできない。そうではなくてそれは、自らに先立つ闘争の戦術や願望を異なる文脈へと翻訳しようと試みた——たとえば、エジプトにおける圧政に抗する闘いを、金融の専制に抗する闘いに変換する、といった仕方で——中継点やリレー地点のようなものとして捉えられるべきなのだ。二〇一一年を通じて形成された新たな闘争のサイクルは、先行する叛逆や叛乱の実践とスローガンをおのおののローカルな状況や問題に順次適応させていくことによって、織り上げられていったのである。

このように、新たなサイクルを構成するおのおのの闘争や運動は、それぞれのローカルな文脈と強く結びついたものであると同時に、それらを互いに繋ぎ合わせる共通の特徴を備えたものでもある。第一の特徴としてあげられるのは、それらの運動が公共スペースの占拠や泊まり込みといった戦略を用いたという点である。第二の特徴は、それらの運動が、リーダーや代弁者をもたない水平的な組織原理と民主的な意思決定の慣行、言いかえれば、「マルチチュード」という形態をとる組織構造を創り上げた、という点である。そして第三の特徴として指摘できるのは、それらの運動が、資本主義的な私有財産（または私的所有）の支配に対する異議申し立てであると同時に、社会主義的な公有財産（すなわち、国家によって規制され、管理された所有財産）に抗する闘いでもあるということ、つまり裏返して言えば、それらの運動が「〈共《コモン》〉」を求める闘争にほかならない、という点だ。

＊

いましがた、二〇一一年の闘争サイクルの特徴を表す鍵《キー》概念としてあげた、マルチチュードと〈共《コモン》〉は、よく知られているように、ともにアントニオ・ネグリとマイケル・ハートがその〈帝国〉三部作を通じて練り上げた概念である。

ミレニアムの年に出版され、世界的なベストセラーとなった『〈帝国〉』*Empire*（二〇〇〇年。日本語版は水嶋一憲・酒井隆史・浜邦彦・吉田俊実訳、以文社、二〇〇三年）でネグリとハートは、新たに出現しつつあるグローバルな権力構造を〈帝国〉と呼び、その特徴と動態を明示してみせた。つづく『マルチチュード――〈帝国〉時代の戦争と民主主義』*Multitude: War and Democracy in the Age of Empire*（二〇〇四年。日本語版は幾島幸子訳、水嶋一憲・市田良彦監修、（上・下）、NHKブックス、二〇〇五年）で彼らは、そうした〈帝国〉的権力に抗してグローバル民主主義の構成へと向かう多数多様な集団的主体を――現行の新自由主義的なグローバル化とは異なる、別《オルター》のグローバリゼーションをめざす諸種の運動に触発されながら――マルチチュードと名指した。

そして三部作を締めくくる『コモンウェルス』*Commonwealth*（二〇〇九年。日本語版は水嶋一憲監訳、幾島幸子・古賀祥子訳、（上・下）、NHKブックス、二〇一二年）でネグリとハートは、近年の新自由主義的な資本主義が強力に押し進めてきたさまざまな種類の富の私有化の動きに断固として反対するとともに、〈私〉（資本主義的な私的所有）対〈公〉（社会主義的な国家所有）という旧来の二項対立に斜めから切り込みながら、〈共《コモン》〉にもとづく革命の制度化のための、開かれた基盤の構築に取り組んだのである。〈共〉とは、オープン・アクセスとマルチチュードによる自主的な管理運営を特質とする富のかたちを指し示す概念である。

先に指摘したように、二〇一一年の闘争サイクルの特徴を理解するうえで、マルチチュードと〈共〉という概念は、きわめて重要かつ有益な役割を果たすにちがいない。だが、そのことは、ネグリとハートがそれらの運動の理論的指導者であったとか、彼らが闘争の勃発を予言し、その指針となる綱領やマニフェストのたぐいをあらかじめ書き上げていた、といったことを意味するわけではまったくない。そもそも、〈帝国〉三部作じたいが、さまざまな場所の叛逆や叛乱、運動や闘争から大きなインスピレーションを吹き込まれながら書き継がれていったのである。ともすれば高度な抽象的理論や遠大な展望として受けとめられがちなネグリとハートの分析や提言が、具体的な状況、ローカルな出来事と他者たちとの出会いの経験に深く根ざしたものであるという点を見過ごしてはならないだろう。

じっさい、前作『コモンウェルス』でネグリとハートは、「闘士《ミリタント》」としての「知識人の任務」について端的にこう述べていたのだった。「知識人は闘士であり、闘士でしかありえない──つまり知識人は、マルチチュードの創出を目指す共同調査のプロジェクトに着手し（中略）そのプロジェクトに積極的に参加する闘士でしかありえないのだ。（中略）他者たちとともに共同調査のプロセスを押し進め、新たな真理を生み出すことも、知識人の任務なのである」（『コモンウェルス（上）』、一九四―一九五頁）、と。

ここで重視されているのは、運動の実践や成果から学ぶばかりではなく、運動のただなかで創出された概念や理論からも学びながら、「他者たちとともに」「新たな真理を生み出」そうとする姿勢であり、研究の現場と運動の現場のあいだのコミュニケーションや翻訳を促進する「共同調査」の試みである。それぞれが原書で四〇〇ページを超える大著である〈帝国〉三部作は、そうした姿勢と試みによって一貫して支えられていたのであり、またそれらはこの小冊子《パンフレット》においてさらに凝縮されたかたちで展開され、追究されることになる。

*

二〇一一年一〇月にネグリとハートは、スペインのマドリードを訪れ、自主的に管理運営されている社会センターで開かれたイベントに出席した。その集まりには、スペイン諸都市の中央広場で五月一五日に始まった泊まり込み抗議運動（「M－15」運動）の活動家《アクティヴィスト》たちも多数参加しており、ネグリとハートは彼ら彼女らのあいだをめぐりながら、もっぱら〈話し手〉ではなく〈聞き手〉として、運動に関する質問――その内的な組織構造、運動の阻害要因や将来の見通しなどをめぐる――を重ねていったのである。そこで得られたさまざまな生産的な答えと新しいアイディアをもとに、またそれと並行して北アフリカからヨーロッパ、北米その他へと広がっていった占拠運動の数多くの参加者たちとの知的かつ政治的な出会いに支えられて、二人が短期間で書き上げ、自主出版したのが、この書籍（最初に記したように、この本はまず電子書籍として刊行された）なのである。

してみれば本書が、「これはマニフェストではない」という宣言から始まっているのも、何ら驚くべきことではないだろう。これが前衛党の綱領《マニフェスト》でもなければ、ましてや議会政党の政権公約《マニフェスト》でもないことは明白である。そうではなくてこの小冊子《パンフレット》は、二〇一一年の闘争サイクルに関する「共同調査」の実践的試みとして読まれるべきものであり、またそのサイクルの渦中でマルチチュードが呼び起こした新たな世界のヴィジョンを、具体的な制度構成と接続するための装置として捉えられるべきものなのである。つまり、本書でネグリとハートは、マルチチュード自身が一連の叛逆や叛乱を通じて宣言した新たな原理と真理を――運動の内部にいる「闘士」として――ともに押し進めている。そして、その「宣言」を、広場における短期間の実験にもとづくものから、空間的にも時間的にもより大きな広がりをもつオルタナティヴな社会制度の「構成」へと移行させていくために、ひとつの開かれたプラットフォームを構築しようとしているわけである。

*

そのさい、最初にネグリとハートが着手するのは、近年の新自由主義の勝利と危機のなかで作り上げられた四つの疲弊した主体形象を浮かびあがらせ、それらを反転させる作業である。それらの主体形象とは、「借金を負わされた者」「メディアに繋ぎとめられた者」「セキュリティに縛りつけられた者」「代表された者」の四つを指す。

まず、「借金を負わされた者」という形象に関して確認できるのは、かつて福祉システムが提供するとされていたもの（住居・健康・教育）が、いまではすべてローンという負債を通じて個々人に提供されるようになっている、という事態である。私たちは「福祉《ウエルフェア》」社会を離れて、「負債《デッドフェア》」社会へと入りつつあるのであり、そこでは際限のない負債が道徳的な「負い目」として人びとに重くのしかかり、生の貧困化と疲弊化を深めるとともに、債権者と債務者という位階秩序と不平等をかつてなかったほど強固に設定しているのである。しかも、こうした移り行きは「金融による支配」と連動したものにほかならず、ＯＷＳが大きな成功を収めたのも、その運動が負債社会の仕組みを明確に浮き彫りにするものであったからだと考えられる。

次に、「メディアに繋ぎとめられた者」という形象が指し示しているのは、今日の主体が、情報・コミュニケーション・表現の過剰によって抑え込まれている、という事態である。メディア、とくにソーシャル・メディアは、たえず人びとに積極的な参加を促しているのだ。この場合、重要なのは、コミュニケーションの（量ではなくて）質を転換して「生きた情報」を創出するために、新たな政治的行動の基盤となる情動のネットワークを構築することである。

翻って支配的なメディアは、日々のニュースなどを通じて、私たちに安全性《セキュリティ》の欠如への恐れを吹き込んでいる。こうした恐れに突き動かされた人びとは、自らを監視の対象にすると同時に主体にしながら、全般化した監獄社会および軍事社会としてのセキュリティ体制を率先して受け容れるようになる。このように恐怖を通じて流通する擬似的な安全性を温床にして、「セキュリティに縛りつけられた者」という、無力化された主体形象が形成されることになる。

そして最後に、これら三つの主体形象を集約したものとして、「代表された者」をあげることができる。二〇一一年に始まった多くの運動は、〈代表されること〉そのものを拒絶し、代表制のさまざまな構造に強烈な批判を向けるものだった。というのも、それらの運動は、今日の代表制が民主主義を強化するどころか阻止しているということ、したがって「代表された者」は実効的な政治的行動に対するアクセスを阻《はば》まれた存在にほかならないということを、はっきりと認識していたからである。

＊

二〇一一年の闘争サイクルが教示する道筋は、これら四つの疲弊し、潜勢力を殺がれた主体形象に抗して、叛逆と叛乱を引き起こすことによって開かれる。

まず、金融による束縛や道徳的な負い目としての負債を、新たな社会的紐帯へと反転させなければならない。その紐帯とは、〈共《コモン》〉の倫理と〈共〉を構成する特異性同士の協働を基盤としたものである。次に、メディアに繋ぎとめられることを拒否して、諸々の特異性からなる脱中心化されたマルチチュードが水平にコミュニケーションを交わすような、政治的組織形態を創出しなければならない（このような可能性を追求するうえで、ソーシャル・メディアはひとつの有用なツールとなりうる）。

さらに、セキュリティ体制を拒絶して、別の安全確保《セキュリティ》を生みだすために、恐怖の蔓延と持続に終止符を打たなければならない。エジプトやスペインの泊まり込み抗議運動で警察の暴力などにさらされた人びとが口々に発した、「もう何も恐れはしない」という感動的な言葉は、ともに存在することをその基盤とする、身体的な近接性にもとづくコミュニケーションの産物であり、自らを縛りつけている恐怖から人びとを解き放つ効果を発揮するものだった。そして最後に、代表制に代わる新しい政治参加の形態を見出すために必要なのは、既存の政治構造からの脱出としての脱構成的なプロセスを進めると同時に、新しい構成的権力のための基盤を準備することなのである。

このように、今日の危機に叛逆し、四つの疲弊した主体形象を反転させる作業に取り組んだうえで、本書の後半部でネグリとハートは、〈共〉にもとづく「構成的闘争」をさまざまな視座から原理的に分析し、さらに「〈共〉の構成のための実例」として諸種のケースを取り上げている。そして彼らは、運動と統治の開かれた関係性を構築し、共和政憲法に深い改革をほどこすために、三つの主要な統治部門（立法部・行政部・司法部）のラディカルな再編構想を提示する。すなわちそこでは、水平的かつ多元的な組織メカニズムとしての「連邦主義」を土台にして、立法権を「全員が社会生活と政治的意思決定の統治に参加することを促進する機関」に変容させること、行政権を「〈共〉を中心に据えた新たな「計画化」と「発展」へのニーズに対処する機関」に変容させること、司法権を「マルチチュード自身が不可譲の権利（自由・幸福・〈共〉への開かれたアクセス・富の平等な分配・持続可能性をはじめとするさまざまな権利）の解釈に参加できる機関」に変容させることといった、未来のアジェンダの基本要素が大胆に素描されているのである。

本書の最後でネグリとハートは、すでに現在のなかに息づいている、次なる闘争と来るべき出来事の潜勢力に寄り添いながら、先にあげた四つの疲弊した主体形象を反転させる主体性としての「共民《コモナー》」のヴィジョンについて語っている。共民とは、〈共〉を作る多数多様な人びと、換言すれば、〈共〉の開かれた分有にもとづく民主的社会を構成するための土台となる主体性のことを指す。二〇一一年の闘争サイクルに加わった抗議者たちは、各々がその地域特有の諸条件に固く根ざしていたとはいえ、〈共〉の構成プロジェクトの一部を形成する共民にほかならなかったのである。このように、共民としてのマルチチュードとともに行った「共同調査」の成果である本書においてネグリとハートは、公共スペースでの泊まり込み抗議運動のなかで彼ら彼女らが宣言し、実践した民主主義の諸形態を、より耐久性のあるオルタナティヴな諸制度へと移行させ、またそれらを社会全体にダイナミックに拡大してゆくための道筋を見出そうと努めているのである。

この意味で、本書でネグリとハートが二〇一一年の闘争サイクルと並走しながら、鮮やかに、そして力強く描き出している、〈共〉への権利の「宣言」からその「構成」へといたる移行経路は、三・一一後の現在を生きる私たちの前にも、無数の入り口を備えた「共同実験室《ラボラトリー》」として開け放たれている、と言えよう。そこでは多数多様な人びとが、無力化され、貧窮化された四つの主体形象をひっくり返し、「〈共〉を作る共民」に生成変化するための実験が試みられるのである。

＊

本書の翻訳作業は、第二章までを清水が、第三章以降を水嶋が訳出した原稿に互いに手を入れたあと、編集部の提案をふまえながら水嶋が推敲して仕上げる、というかたちで進められた。

本書の原題は『宣言』という、このうえなくシンプルなものである。しかし、日本語版の題名としてはいささか漠然とした印象を読者にあたえるかもしれないという懸念から、編集部の発案により、二〇一一年の闘争サイクルがもたらした衝撃をヴィヴィッドに伝える「叛逆」というインパクトのある言葉を表題として選んだ。そして副題に、本書の基本的な内容と立場を示す、「マルチチュードの民主主義宣言」というフレーズを添えることにした。

ＮＨＫブックス編集部の大場旦氏、倉園哲氏、五十嵐広美氏には、『コモンウェルス』に引きつづき、大変お世話になった。とくに倉園氏は、全体の進行を細やかな配慮をもって支えてくださりながら、訳文に関して的確なご助言をお寄せくださったうえ、原書にはない小見出しを本文に適宜挿入してくださった。この場を借りてお三方に心よりお礼申し上げたい。

水嶋一憲

二〇一三年二月　アメリカ・ケンブリッジにて

［訳者］

水嶋一憲——みずしま・かずのり

1960年生まれ。京都大学大学院経済学研究科博士課程単位取得満期退学。現在、大阪産業大学経済学部教授。著書に『アジアのメディア文化と社会変容』（共著、ナカニシヤ出版）、『グローバリゼーションと植民地主義』（共著、人文書院）、訳書にネグリ／ハート『〈帝国〉』（共訳、以文社）、同『コモンウェルス』（監訳、NHKブックス）、バリバール『スピノザと政治』（水声社）、マラッツィ『資本と言語』（監修、人文書院）など。

清水知子——しみず・ともこ

1970年生まれ。筑波大学大学院博士課程文芸・言語研究科修了。現在、筑波大学大学院人文社会科学研究科専任講師。著書に『文化と暴力——揺曳するユニオンジャック』（月曜社、近刊）、『よくわかるメディア・スタディーズ』（伊藤守編、共著、ミネルヴァ書房）、訳書にバトラー『権力の心的な生』（共訳、月曜社）、ジジェク『ジジェク自身によるジジェク』（河出書房新社）、ライアン『9.11以後の監視』（共訳、明石書店）など。

Ⓒ Rubén G. Herrera

Antonio Negri ——アントニオ・ネグリ（写真左）

●イタリアのマルクス主義社会学者・政治哲学者・活動家。1933年生まれ。元パードヴァ大学教授。2000年に刊行されたマイケル・ハートとの共著『〈帝国〉』（以文社）の成功によって世界的に注目を集め、以後『マルチチュード』（NHKブックス）、『コモンウェルス』（同）と、〈帝国〉三部作を完結させた。他の著書に『野生のアノマリー』（作品社）など。

Michael Hardt ——マイケル・ハート（写真右）

●アメリカの政治哲学者・比較文学者。デューク大学文学部教授。1960年生まれ。パリに亡命中のネグリの知遇を得て、共同作業を開始。ネグリとの共著に『ディオニュソスの労働』（人文書院）、〈帝国〉三部作、『叛逆』（本書）がある。他の著書に『ドゥルーズの哲学』（法政大学出版局）など。また現在、『サウス・アトランティック・クォータリー』誌の編集責任者も務める。

NHKブックス［1203］

叛逆　マルチチュードの民主主義宣言

2013（平成25）年3月25日　第1刷発行

著　者　アントニオ・ネグリ　マイケル・ハート
訳　者　水嶋一憲　清水知子
発行者　溝口明秀
発行所　NHK出版
東京都渋谷区宇田川町41-1　郵便番号 150-8081
電話　03-3780-3317（編集）　0570-000-321（販売）
ホームページ　http://www.nhk-book.co.jp
振替 00110-1-49701
［印刷］啓文堂　［製本］ブックアート　［装幀］倉田明典

落丁本・乱丁本はお取り替えいたします。
定価はカバーに表示してあります。

ISBN978-4-14-091203-4　C1331

NHKブックス 時代の半歩先を読む

マルチチュード（上）（下）〈帝国〉時代の戦争と民主主義

アントニオ・ネグリ／マイケル・ハート

幾島幸子 訳　水嶋一憲／市田良彦 監修

人間のあらゆる営みが市場原理に回収される〈帝国〉時代には、貧富の差の拡大や紛争の頻発などさまざまな困難が生じる。〈帝国〉に抗し、グローバル民主主義を推進する主体「マルチチュード」の可能性を平易に説く。

コモンウェルス（上）（下）〈帝国〉を超える革命論

アントニオ・ネグリ／マイケル・ハート

水嶋一憲 監訳　幾島幸子／古賀祥子 訳

グローバル企業やIMFなどの〈帝国〉が世界秩序をつくり上げ、その権力のもとで私たちは搾取され続けている。この状況を打開する可能性を秘めた〈共〉という富＝「コモンウェルス」とは？　〈帝国〉論三部作、完結篇。